＼大人《おとな》になってこまらない／

マンガで身《み》につく

マナーと礼《れい》儀《ぎ》

監修
辰巳 渚

マンガ・イラスト
池田 圭吾

金の星社

プロローグ

正《ただし》くんがひっこしてきた

ピンポーン
ピンポーン

花子《はなこ》ーー!
おとなりさんよー
はーい
マンガ
物草花子《ものくさはなこ》

となりにひっこしてきた礼儀《れいぎ》と申《もう》します
礼儀《れいぎ》正《ただし》と申《もう》します
小《しょう》6です
どうぞよろしくお願《ねが》いいたします
おおぉ
ヤバイ…
マジタイプ
花子《はなこ》あいつ…
なんとまあ…
キン キン キン キン
ひと目《め》ぼれしたわね
わかりやすい
母《はは》 晴子《はるこ》
父《ちち》 四郎《しろう》

数日後《すうじつご》
ひえ〜〜
うわぁ
また
遅刻《ちこく》だあ!
行《い》ってきまーす!
ヤバイ〜
あ
おはよう♪
急《いそ》いでいるネ
ううう
寝《ね》ぐせのかみ
かかとをふんだくつ
あああ……
はずかしい〜〜
じゃ、またね〜
くす
くす

好《す》きな人《ひと》にそんなだらしない姿《すがた》見《み》られたら
そりゃ落《お》ち込《こ》むわよね
マナミン
え
なに? いきなり
あなただれ?
わたしはマナミン!
花子《はなこ》!わたしはあなたにマナー美人《びじん》になってほしくてはるばる遠《とお》いマナー星《せい》から…
ってコラ話《はなし》を聞《き》け!!
くわっ
すみません〜
急《いそ》ぐので—
ゴッ
っていうか別《べつ》にマナーとか頼《たの》んでないし
そもそもなんでわたしの名前《なまえ》を知《し》ってるのよ?
今《いま》、火《ひ》ィ吹《ふ》いたよね

だいじょうぶー
こわくない
こわくない
こわいよっ!
ゴゴゴゴゴ
とにかく落《お》ち込《こ》んでるんだから
もう
ほっといてよ!
いいの? 正《ただし》くんはどう思《おも》ったのかなあ?
せっかくのこのチャンスみすみす逃《のが》すなんて…
マナー美人《びじん》って超《ちょう》モテるのにな…
ピタ
花子《はなこ》さーーん
あら
なにかしら
正《ただし》さん
はっ
もう
正《ただし》さんたら
ばかね♡
やっと話《はなし》を聞《き》いてもらえそうね…
モテてこまるー♡
よし!
全力《ぜんりょく》妄想《もうそう》中《ちゅう》!
おっ!
ガッ

好《す》きな人《ひと》にきらわれたかもって落《お》ち込《こ》んでいるのよね！
ぶん
ぶん
この際《さい》わたしを信《しん》じて自分《じぶん》を見直《みなお》してみない？
…で、でも…
どうしてわたしなんかにここまでしてくれようとするの？
マナミンってよんでね♡
さっき言《い》ったでしょ！花子《はなこ》にちゃんとしたマナーを身《み》につけてほしくて銀河系《ぎんがけい》785番《ばん》のマナー星《せい》から光《ひかり》の速《はや》さで…
ペラ ペラ ペラ ペラ
…でホントは？
はっ
あのねーわたしマナー学校《がっこう》に通《かよ》っててね卒業試験《そつぎょうしけん》があるんだけど「だらしない人《ひと》」を教育《きょういく》しないと卒業《そつぎょう》できないんだよねーで、地球《ちきゅう》でもかなりだらしないあなたに…
ペラ ペラ ペラ ペラ ペラ

しまったアアアアア
ついホントのことを〜〜
だらしない人《ひと》…ね
よくわかったヨ
………
いや…
その…
はー
まーちょっとだけ
だらしないところは
あるけど…
いや〜
ちょっとでは
ない気《き》が…
つめものびて
汚《きたな》いし
ハンカチも
忘《わす》れてるでしょ
あ
口《くち》のまわりも
パンくずついてるし
もうホント
ありえない…
しまったー!!
また…
つい言《い》いすぎた…
だめだ
もう
ああ

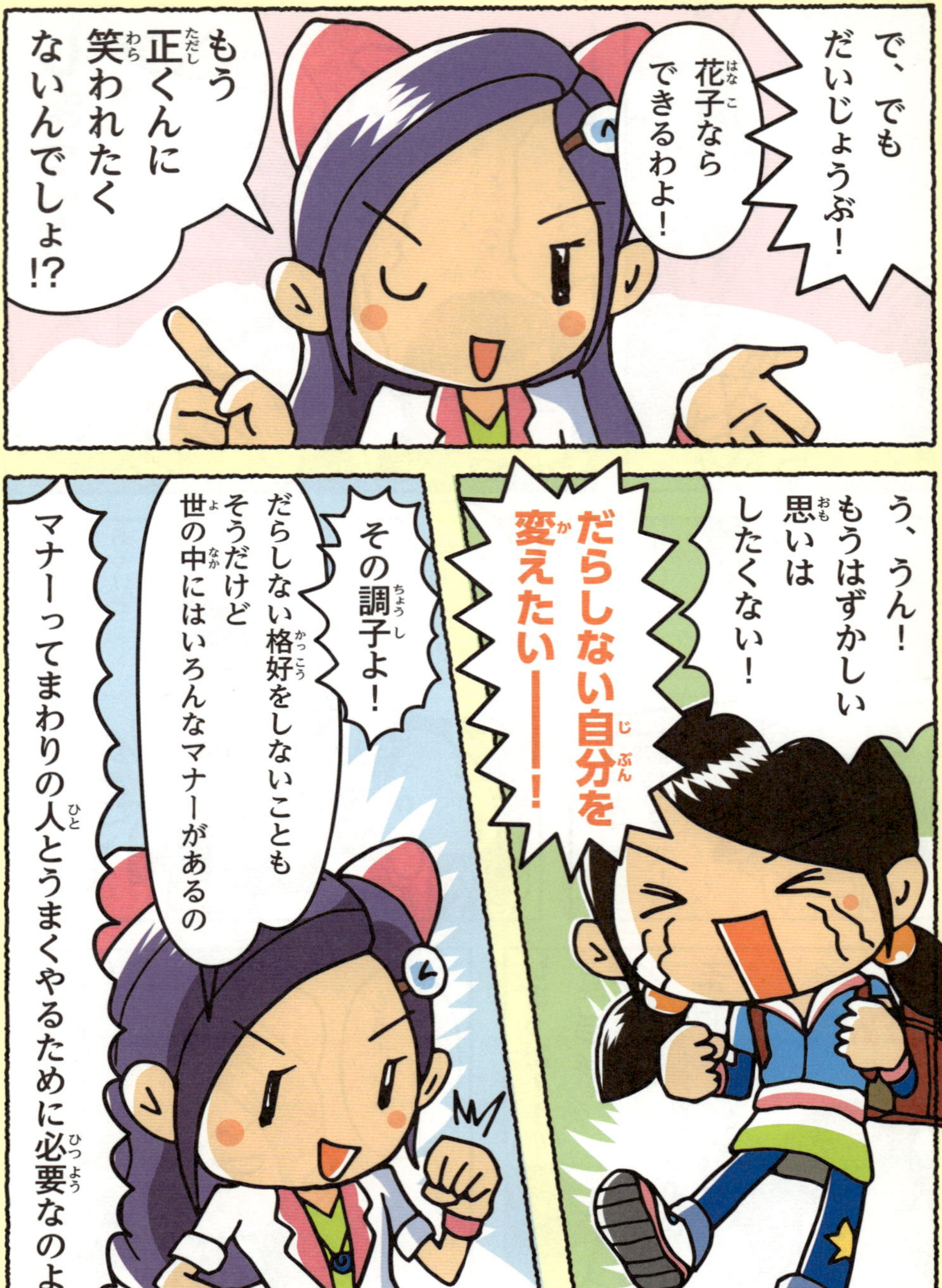
で、でも だいじょうぶ！
花《はな》子《こ》なら できるわよ！
もう 正《ただし》くんに 笑《わら》われたく ないんでしょ!?
う、うん！ もうはずかしい 思《おも》いは したくない！
だらしない自《じ》分《ぶん》を 変《か》えたい――！
その調《ちょう》子《し》よ！
だらしない格《かっ》好《こう》をしないことも そうだけど 世《よ》の中《なか》にはいろんなマナーがあるの
マナーってまわりの人《ひと》とうまくやるために必《ひつ》要《よう》なのよ！

マナー？
まわりの人《ひと》と うまくやるために？？
そうよ！
これからわたしが あなたをマナー美人《びじん》に 育《そだ》てるから ついてきてネ！
そのあかつきには…
…その あかつきには？
正《ただし》くんが 好《す》きになって くれるかもよ？
ずいっ
よろしく お願《ねが》いいたします！！
どっせーい
OK《オーケー》！
じゃ まずなにから すればいい？
とりあえず 学校《がっこう》行《い》きなよ
もう ちこくだよ
ああああ！
マナーが

もくじ

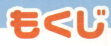

この本《ほん》に出《で》てくる人《ひと》たち

物草《ものぐさ》 花子《はなこ》

- めんどうくさがりですこしズボラだけど、素直《すなお》で心《こころ》やさしい女《おんな》の子《こ》。
- 小学校《しょうがっこう》５年生《ねんせい》。
- しゅみはマンガを読《よ》むこと。好《す》きなマンガは「それいけハッチン」。
- 好《す》きな食《た》べものはソースせんべい。
- 将来《しょうらい》の夢《ゆめ》は動物《どうぶつ》のお医者《いしゃ》さん。

マナミン

- 花子《はなこ》をマナー教育《きょういく》するため、マナー星《せい》から地球《ちきゅう》へやってきた宇宙人《うちゅうじん》（マナー星《せい》では、だらしないだれかを教育《きょういく》しないと学校《がっこう》を卒業《そつぎょう》できないのだ！）。
- 怒《おこ》ると人格《じんかく》が変《か》わる。
- 「BABYPUNKS《ベイビーパンクス》」というアイドルパンクバンドのファン。

モモコ

- マナミンのペットであるモモンガの妖精《ようせい》。マナー星《せい》では、マナミンの教育係《きょういくがかり》だった。
- ムササビによくまちがわれることを気《き》にしている。

礼儀《れいぎ》 正《ただし》

- 花子《はなこ》のとなりの家《いえ》にひっこしてきた男《おとこ》の子《こ》。
- 小学校《しょうがっこう》６年生《ねんせい》。
- とても礼儀正《れいぎただ》しく、さわやかなイケメン。
- 学校《がっこう》のサッカー部《ぶ》ではキャプテンをつとめる。
- 犬《いぬ》が近《ちか》づくと、様子《ようす》が急変《きゅうへん》する⁉

物草《ものぐさ》 太郎《たろう》

- いつも元気《げんき》いっぱいな花子《はなこ》の弟《おとうと》。やんちゃでだらしない。
- 小学校《しょうがっこう》３年生《ねんせい》。
- 正《ただし》にあこがれている。
- 将来《しょうらい》の夢《ゆめ》は電車《でんしゃ》の運転士《うんてんし》。

物草家《ものぐさけ》

物草《ものぐさ》 晴子《はるこ》

花子《はなこ》のお母《かあ》さん。スイーツを食《た》べながら海外《かいがい》ドラマを見《み》るのがストレス発散方法《はっさんほうほう》。

物草《ものぐさ》 四郎《しろう》

花子《はなこ》のお父《とう》さん。サラリーマン。ものぐさでやりっぱなしが多《おお》い。

ハチ

物草家《ものぐさけ》のペット。温厚《おんこう》で人《ひと》なつっこい。なぜだか、となりに住《す》む正《ただし》が大好《だいす》き。

花子《はなこ》のクラスメイト

九条《くじょう》 エミ

花子《はなこ》の幼《おさな》なじみ。ピアノが上手《じょうず》。整理整頓《せいりせいとん》がとくいで礼儀正《れいぎただ》しい。

消極《しょうきょく》 もじ子《こ》

はずかしがり屋《や》で、あいさつが苦手《にがて》な同級生《どうきゅうせい》。しゅみは仏像鑑賞《ぶつぞうかんしょう》。

はじめに

できることをちょっとずつ積《つ》み重《かさ》ねよう

この本《ほん》では、キミの世界《せかい》を広《ひろ》げ、ステキな大人《おとな》になるために
知《し》っておいたほうがいいマナーや礼儀《れいぎ》をまとめているよ。
実践《じっせん》すれば、自分《じぶん》にとっていいことがたくさんあるはず。
マナーや礼儀《れいぎ》は、１日《にち》１日《にち》の積《つ》み重《かさ》ねが大切《たいせつ》なんだ。
はじめは意識《いしき》しないとできなかったことも、
それがしだいに身《み》について、
キミの自然《しぜん》なふるまいになっていくよ。

住《す》んでいる地域《ちいき》や家庭《かてい》によって やり方《かた》がちがうこともあるよ

この本《ほん》に書《か》かれたマナーや礼儀《れいぎ》は一般的《いっぱんてき》なものだけど、
住《す》んでいる地域《ちいき》や家庭《かてい》によって、
ちがうことがあるかもしれない。
そういうときは、家《いえ》の人《ひと》にどうしたらいいか
改《あらた》めて確認《かくにん》してみよう。
やり方《かた》はちがったとしても、
マナーの基本《きほん》は「まわりの人《ひと》をイヤな気持《きも》ちにさせない」こと。
相手《あいて》を思《おも》いやる行動《こうどう》であれば、だいじょうぶだよ。

第《だい》1章《しょう》

基《き》本《ほん》のあいさつ編《へん》

あいさつから始《はじ》まる、人《ひと》との「わ」

花子《はなこ》！また遅刻《ちこく》するわよ！
早《はや》く起《お》きなさーい!!
ガンガンガンガン
ううう〜
やばっ
ガバ
おはよう、花子《はなこ》！頭《あたま》、ボサボサだぞーっ
うーーん
ふあああああねむい〜
ヴーーーン
ビーム
ギャース
バリ
バリ
バリ

花子《はなこ》！
「ねむい」はあいさつではありませーん！
マナミン…？なに…コレ…
っていうか家《いえ》ん中《なか》なのに
いちいち家族《かぞく》であいさつとかはずかしいじゃん！
家族《かぞく》も友《とも》だちも関係《かんけい》なーい!!
家《いえ》であいさつできない人《ひと》が外《そと》でちゃんとあいさつできるわけないでしょ!!
あいさつから人《ひと》との〃わ〃が生《う》まれるの！
ゴオオオオオ
ボーリョク反対《はんたい》〜
はなこ〜
〃わ〃とは
「輪《わ》」＝つながり
「和《わ》」＝仲良《なかよ》くすること
「話《わ》」＝会話《かいわ》
これが〃わ〃よ 正《ただし》くんと仲良《なかよ》くしたいんでしょ？ホラ、だったら元気《げんき》にあいさつ！
はっ
きのうもできなかったでしょ
おはようございます（正《ただし》くん♡）
ごあいさつがおそくなりましたが、わたくしマナミンと申《もう》します
え？あ…はい…

Let's《レッツ》シミュレーション！

あいさつのない世界《せかい》

近所《きんじょ》で…

あいさつされないと、
不安《ふあん》な気持《きも》ちになるよね。

朝起《あさお》きて…

あいさつされないと、
朝《あさ》からとても**イヤな気分《きぶん》！**

家《いえ》に帰《かえ》って…

階段《かいだん》を上《あ》がる音《おと》!?
ダン
ダン
ダン
え?
だれかいるの?

なんだ～
花子《はなこ》だったの?
ただいまって
言《い》ってよ!
こわかったー
MAMA
え!?
お母《かあ》さん!?

あいさつがないと、
もはや**恐怖《きょうふ》**でしかない。

学校《がっこう》で…

キーンコーン
カーンコーン
みんな～
バイバ～イ!!
……
……

みんな冷《つめ》たい…
この世界《せかい》、
おかしい…

あいさつがないと、
教室《きょうしつ》も**暗《くら》い雰囲気《ふんいき》**。

マナミンMEMO

あいさつの　ない世界《せかい》では
始《はじ》まらない
“フォーリンラブ” と 3つの“わ”

LESSON《レッスン》

いろいろなあいさつ

近所《きんじょ》の人《ひと》に会《あ》ったら

こんにちは
ペコッ
ひさしぶりですー！

はずかしかったら、頭《あたま》をさげる「えしゃく」だけでもOK《オーケー》。

朝起《あさお》きたら

おはよう！
元《げん》気《き》かー？

1日《にち》を気持《きも》ちよく過《す》ごせるように、元気《げんき》よく言《い》おう。

家《いえ》に帰《かえ》ってきたら

ただいま
どんぐり
大《たい》量《りょう》！
どこ
行ったの？
おかえり

無事《ぶじ》に帰《かえ》ってきたことがわかると安心《あんしん》だね！

でかけるときは

いってきます！
いってらっしゃい

「元気《げんき》に帰《かえ》ってくるね（きてね）」の気持《きも》ちをこめて。

まわりの人《ひと》とうまくやるためには、
あいさつが大事《だいじ》モモ！

夜《よる》寝《ね》るまえに

1日《にち》の締《し》めくくり。「今日《きょう》も1日《にち》ありがとう」の気持《きも》ちを伝《つた》えよう。

友《とも》だちと別《わか》れるときは

「また会《あ》おうね！」という気持《きも》ちをこめて言《い》おう。

あいさつすると・・・

輪《わ》が生《う》まれる

「輪《わ》」は人《ひと》とのつながり。あいさつをして、「輪《わ》」を広《ひろ》げよう！

和《わ》が生《う》まれる

「和《わ》」は仲良《なかよ》くすること。あいさつをすれば、もっと親《した》しくなれるよ！

話《わ》が生《う》まれる

あいさつから「輪《わ》」が広《ひろ》がり「和《わ》」が深《ふか》まると、「話《わ》(はなし)」もはずむね！

“ありがとう”“ごめんなさい”は魔《ま》法《ほう》の言《こと》葉《ば》

犬《いぬ》の散歩《さんぽ》って おもしろいね
でしょー?
うちのハチ 立《た》って歩《ある》くし
あ、正《ただし》くんよ!
え!?
やあ! 今日《きょう》は友《とも》だちと お出《で》かけ?
この子《こ》は マナミンと いって…
ビュン
えっ
わー! ハチ!! なんで――!?
わあああああ
コラー!! やめなさーい!
あうう
バリッ

花子《はなこ》！ 今《いま》こそ言《い》うべき言葉《ことば》があるはずよ！
フラフラ
え？ なに？ マナミン!!
人《ひと》になにかしてしまったらまず「ごめんなさい」と謝《あやま》ることよ！
あ…また…
そ、そうか!!
その言葉《ことば》を言《い》うだけで相手《あいて》との関係《かんけい》がぐっとよくなるわよ！
おうっ おうっ おうっ
わかった ありがとう！
って正《ただし》くん!?
べろ べろ べろ
また
正《ただし》くん…うちのハチが本当《ほんとう》にごめんなさい！
このハンカチよかったら使《つか》ってくださいっ
犬《いぬ》柄《がら》…
あ、ありがとう ハチって…すごく元気《げんき》だね
元気《げんき》だけがとりえなの！
はっ はっ
マナミンの言《い》ったとおり、「ごめんなさい」って魔法《まほう》の言葉《ことば》だね！
きゃっ きゃっ きゃっ
正《ただし》くんてばありがとうって〜〜
ハチに感謝《かんしゃ》しな

クイズ

こんなときはなんて言《い》うの？

Q1 知《し》らない人《ひと》にぶつかっちゃったら？

1 「ほら、痛《いた》くない！（ニコッ）」と相手《あいて》をなだめる。

2 「ごめんなさい」とすぐに謝《あやま》る。

3 知《し》らない人《ひと》と話《はな》してはいけないので、**無言《むごん》で逃《に》げる。**

正解《せいかい》は 2

「ごめんなさい」とすぐに謝《あやま》る。

知《し》らない人《ひと》でも、なにか相手《あいて》に迷惑《めいわく》なことをしてしまったときは「ごめんなさい」と言《い》おう。なにも言《い》われないと、相手《あいて》がイヤな気持《きも》ちになるよ。

Q2 まえの人《ひと》がドアをおさえて待《ま》ってくれていたら？

1 「そんなやさしさは不要《ふよう》ですわ」と言《い》ってえんりょする。

2 「わたしもえらくなったもんだ」と自分《じぶん》をほめる。

3 「ありがとうございます！」とすぐにお礼《れい》を言《い》う。

正解《せいかい》は 3

「ありがとうございます！」とすぐにお礼《れい》を言《い》う。

まえの人《ひと》がお店《みせ》のドアをおさえておいてくれるのは、あなたに対《たい》する思《おも》いやり。きちんと、「ありがとう」と言《い》って通《とお》ろう。

LESSON《レッスン》

あいさつを自分《じぶん》からしてみよう！

疲《つか》れているお父《とう》さんに

明《あか》るく声《こえ》をかければ、相手《あいて》が元気《げんき》になってくれるかも！

あいさつが苦手《にがて》なモジ子《こ》に

自分《じぶん》からあいさつして、相手《あいて》の心《こころ》をすこしずつやわらかくしよう！

マナミンMEMO

自分《じぶん》から　明《あか》るくあいさつ　してみれば
暗《くら》い空気《くうき》に　火《ひ》が灯《とも》る

コラム

ドースル!?

知《し》らない人《ひと》に話《はな》しかけられたら…

鉄則《てっそく》1 見《み》知《し》らぬ人《ひと》に名《な》前《まえ》を呼《よ》ばれても、信《しん》用《よう》してはダメ！

世《よ》の中《なか》には、知《し》りあいのふりをして声《こえ》をかけてくる悪《わる》い人《ひと》もいるんだ。子《こ》どもの流行《りゅうこう》なども知《し》っていたりして、つい話《はなし》にのってしまいそうになるけど、絶対《ぜったい》にダメ！

????

鉄則《てっそく》2 「わかりません」「イヤです」とはっきり言《い》うこと！

知《し》らない人《ひと》から声《こえ》をかけられたら、とにかく「わかりません」「知《し》りません」「イヤです」とはっきり大《おお》きな声《こえ》で言《い》おう。目《め》をあわせなくてもいいからね。

わかりません
イヤです!

鉄則《てっそく》3 なるべくきょりを置《お》き、危険《きけん》を感《かん》じたら大声《おおごえ》を出《だ》して走《はし》って逃《に》げる！

とにかく近《ちか》づかれないようにしよう。すこしでも危険《きけん》だと感《かん》じたら、大声《おおごえ》を出《だ》して全力《ぜんりょく》で走《はし》って逃《に》げて。ふだんから近所《きんじょ》の大人《おとな》と仲良《なかよ》くしていると、いざというとき安心《あんしん》だよ。

たすけてー!
チッ

第《だい》2章《しょう》

家《いえ》の中《なか》編《へん》

ぬいだくつをそろえよう！

おじゃましまーす
あ、エミ！あがってー！
正《ただし》くん!?
こんにちはー
礼儀《れいぎ》です母《はは》からお届《とど》けものを持《も》ってきました！
あ、花子《はなこ》ちゃんのお友《とも》だち？
そうそう
幼《おさな》なじみのエミっていうの
はじめましてエミと申《もう》します
礼儀《れいぎ》正《ただ》しいんだねー！
くつもキレイ！
しまったアー!!
うおっ
花子《はなこ》
エミ
あ、正《ただし》くんありがとー！お母《かあ》さんにわたしておくねー！じゃあねーばいばい!!!
え？なに？どうしたの、急《きゅう》に？花子《はなこ》ちゃん!?
くつ…見《み》られた…
もうおわりだ……

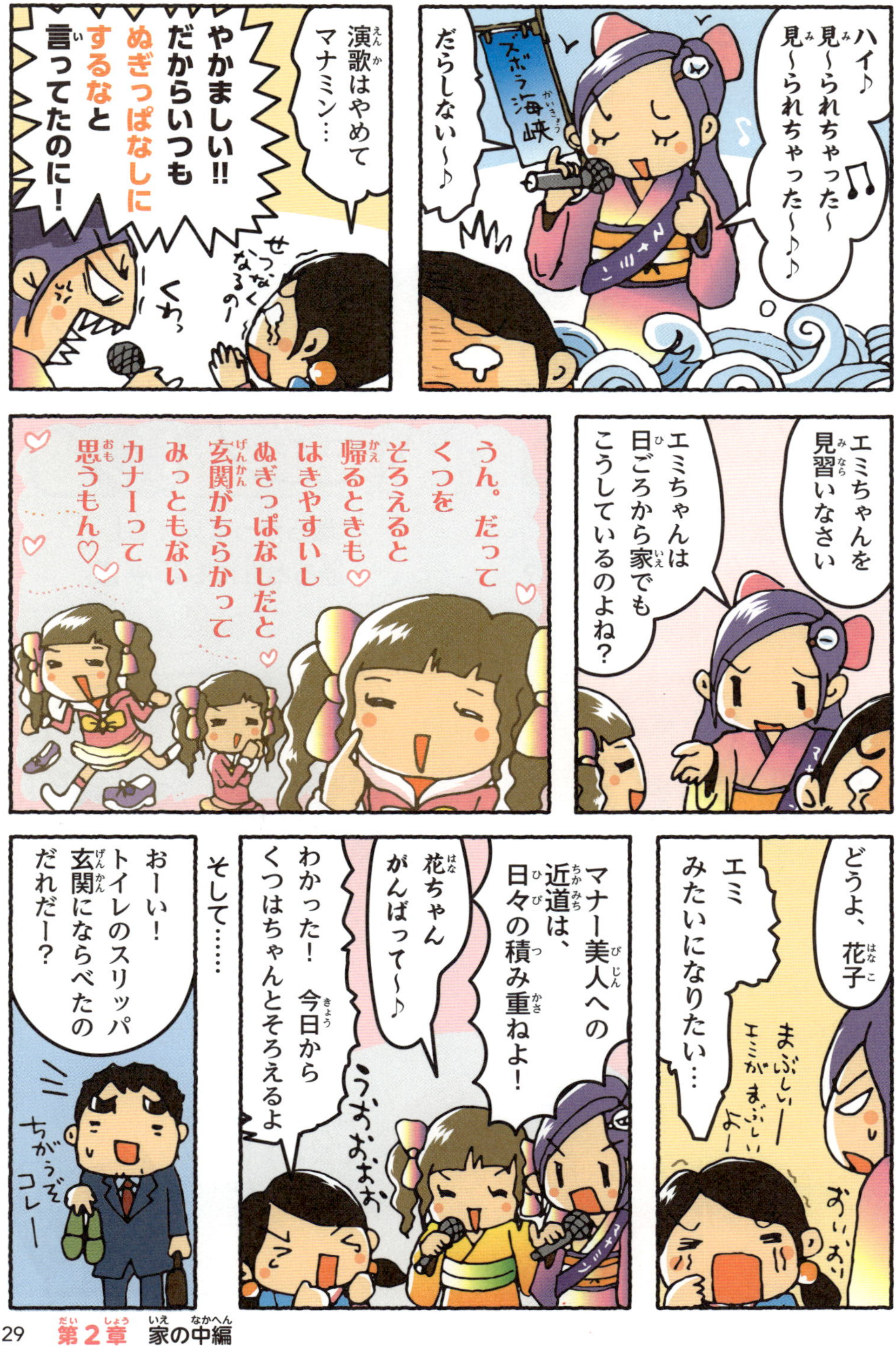
ハイ♪ 見《み》～られちゃった～ 見《み》～られちゃった～♪♪
ズボラ海峡《かいきょう》
だらしない～♪
演歌《えんか》はやめて マナミン…
やかましい!! だからいつも ぬぎっぱなしに するなと 言《い》ってたのに!
せつなくなるの～
くわっ
エミちゃんを 見習《みなら》いなさい
エミちゃんは 日《ひ》ごろから家《いえ》でも こうしているのよね?
うん。だって くつを そろえると 帰《かえ》るときも はきやすいし ぬぎっぱなしだと 玄関《げんかん》がちらかって みっともない カナーって 思《おも》うもん♡
どうよ、花子《はなこ》 エミ みたいになりたい…
まぶしい～ エミがまぶしいよ～
おいおい
マナー美人《びじん》への 近道《ちかみち》は、日々《ひび》の積《つ》み重《かさ》ねよ!
花《はな》ちゃん がんばって～♪
わかった! 今日《きょう》から くつはちゃんとそろえるよ
うおおおお
そして……
おーい! トイレのスリッパ 玄関《げんかん》にならべたの だれだー?
ちがうぞ コレー

Let's《レッツ》シミュレーション!

ぬぎっぱなしってどう思《おも》う?

おふろ〜〜〜
ひゃはー

お気《き》に入《い》りの1着《ちゃく》が
なくなってしまうかも?

パジャマよし!

ぬいだ服《ふく》を置《お》く場所《ばしょ》を決《き》めて
おくと**つぎに探《さが》しやすい**。

あああ
左太郎《ひだりたろう》さーん!!
右子《みぎこ》さんとはなればなれになってしまった…
あんたぁ〜〜

散《ち》らかって見《み》えるし、
通《とお》るときにも**じゃま**。

!
仲良《なかよ》し♡

しまう&そろえると
玄関《げんかん》すっきり。

マナミンMEMO

くつや服《ふく》
ぬぎっぱなしはだらしない
きれいにそろえて
マナー美人《びじん》

ぬいだあとも気《き》を配《くば》れるとエレガントだモモ!

洗《せん》たくものの出《だ》し方《かた》・しまい方《かた》

ルール 1　そでやくつ下《した》が丸《まる》まったままにしないこと！

ぬいだままのお団子状態《だんごじょうたい》だと、しわにもなっちゃうし、あとでもう一度《いちど》着《き》るときに結局《けっきょく》のばさないといけない。そのまま洗《せん》たくしてしまうと、汚《よご》れも落《お》ちづらくなるよ。

ルール 2　決《き》められた場所《ばしょ》に決《き》められたルールで出《だ》す！

衣類《いるい》が傷《いた》まないように、うら返《がえ》して洗《せん》たくする家《いえ》もあるよ。どこに出《だ》しておくのかなどもふくめて、家《いえ》の人《ひと》にルールを確認《かくにん》しよう！

ルール 3　とり出《だ》しやすさを考《かんが》えてしまおう！

タンスには、ずらしながら重《かさ》ねて入《い》れたり、立《た》てて入《い》れたりするのがおすすめ。選《えら》びやすく、とり出《だ》すときもぐちゃっとなりづらいよ。

マナミンも昔《むかし》は、マントを玄関《げんかん》にぬぎ捨《す》ててたモモね？

それは言《い》わない約束《やくそく》でしょ！

モノや資源《しげん》を大切《たいせつ》にしよう！

姉《ねえ》ちゃん!! 見《み》て 見《み》てーーー！
物草太郎《ものぐさたろう》
下《した》じきをこすってーっ
をりゃあああ
ペキ
ホイ！
すごいでしょー
ちょっとヤダー！！ その下《した》じき、わたしのたからものじゃない!?
あ、ホラ ちょっと割《わ》れちゃってるー！
やだーー「それいけハッチン」のレア下《した》じきなのにー～
ご、ごめん!!
もう使《つか》えないじゃない！
ゆるして…
もう いらない！
そんなの捨《す》てて！
了解《りょうかい》～
ポイ
コトン
ゴミ
キィイイ
ヴーーーン

モノは大切《たいせつ》にしなさーーい!!
ビーム
ピギャア
バリ
バリ
ムゲェ!
また新《あたら》しい下《した》じきを買《か》えばいいっかなんて軽《かる》く考《かんが》えたわね!?
どんなモノだって一生懸命《いっしょうけんめい》作《つく》ってくれた人《ひと》がいて、商品《しょうひん》になっているの
なにかを買《か》うお金《かね》だって限《かぎ》りがあるの!
は…はい…
太郎《たろう》、姉《ねえ》ちゃんのたからものだから大事《だいじ》に使《つか》って
わかったテープで貼《は》ってまた使《つか》うよ
ゴミ
じゃあ花子《はなこ》にはわたしのたからものをあげよっかナ
え!?ホント!?
なんだろー
ゴン
ゴッ
はい♡
マナー星《せい》のお守《まも》り♡
大切《たいせつ》にしてネ!!
カワイイでしょ
ねー。あの人《ひと》だれ~?
い、いらない…

Let's《レッツ》シミュレーション！

モノや資源《しげん》の気持《きも》ちになってみよう

モノ

オレはえんぴつ
今日《きょう》もみんなの勉強《べんきょう》をてつだうぜ
あれ？いつもと場所《ばしょ》がちがうぞ
ふまれる――っ
たっ助《たす》けてー!!

モノをちゃんと管理《かんり》できているかな？

資源《しげん》

わたしは水《みず》今日《きょう》もいろんなおてつだいをするわね♡
手洗《てあら》いですね！かしこまりました〜
ひゃ〜止《と》めて〜出《だ》しっぱなしはこまりますぅ〜!!
ジャー

水《みず》や電気《でんき》などの資源《しげん》には限《かぎ》りがあることを忘《わす》れないで！

LESSON《レッスン》

モノや資源《しげん》を大切《たいせつ》にするって？

ルール1 「また買《か》えばいいや」と思《おも》わない

モノを買《か》ったり、水《みず》や電気《でんき》などを使《つか》ったりするにはお金《かね》がかかる。モノをつくってくれた人《ひと》や限《かぎ》りある資源《しげん》に感謝《かんしゃ》して、大切《たいせつ》に使《つか》おう。

ルール2 ていねいにあつかう

乱暴《らんぼう》にあつかうと、こわれてしまうよ。すこしでも長《なが》く使《つか》えるよう、ていねいにあつかおう。

ルール3 やりっぱなしにしない

やりっぱなし、出《だ》しっぱなしにするのはモノをそまつにしている証拠《しょうこ》。ちゃんと置《お》き場《ば》にもどして、モノを大事《だいじ》にしよう（くわしくは36～39ページも見《み》てね）。

ルール4 まだ使《つか》えるモノは適切《てきせつ》に処分《しょぶん》する

まだ使《つか》える不用品《ふようひん》は、使《つか》いたいお友《とも》だちを探《さが》してあげたり、フリーマーケットやバザーに出《だ》したりしよう。だれかがきっと待《ま》っているはず！

モノを使《つか》ったら 元《もと》の場《ば》所《しょ》にしまう！

あれ？ないなー
どしたのマナミン？
あ、花子《はなこ》！テレビのリモコン知《し》らない？
んー？
なにか見《み》るの？
昨日《きのう》の夜《よる》、花子《はなこ》のお母《かあ》さんといっしょに見《み》たドラマがすごくよかったの！
大《だい》号《ごう》泣《きゅう》
うおーーー
うおーーー
で、その続《つづ》きがこれからやるんだって～♪
よし！
じゃあ、わたしがリモコンの場所《ばしょ》を推理《すいり》するわ！
…はい？
わたしの名《な》は美少女探偵《びしょうじょたんてい》HANA《はな》☆
リモコンを探《さが》す！
めんどくせー
リモコンはいつもリビングのソファーの横《よこ》にあったはず…

でも、さっきまでソファーには
お父《とう》さんが寝《ね》ていた！
ZZZZZZ
そのとき
すぐに
わかったわ!!
リモコンは
お父《とう》さんが
ふんでいたの！
OHHU!!!
そしてリモコンを
とったわたしは
急《きゅう》に牛乳《ぎゅうにゅう》を
飲《の》みたくなって
キッチンへ！
MILK
GET!
だから
そう！
リモコンは
…
YES!
キッチンに
あるわー!!!
…って
花子《はなこ》ォ、犯人《はんにん》は
自分《じぶん》じゃないかァ～？
どうして元《もと》の場所《ばしょ》に
もどせない
のかなぁ～？
なあ～
おい～
花子《はなこ》
オォォ
はい～
ごめんな
さい～
ねぇ、マナミン
ちゃん…
ドラマ…、もう
おわっちゃったわよ？
!!
くわっ
ゴメン！ マナミン！
も、元《もと》の姿《すがた》に
もどって――っ!!
みたかった
ミーーン

クイズ

こんなときはドースル？

Q1 床《ゆか》に丸《まる》めたティッシュが落《お》ちていたら？

1. 汚《きたな》いから**見《み》なかったことに**する。
2. 太郎《たろう》を呼《よ》んで**片《かた》づけさせる。**
3. **自分《じぶん》で拾《ひろ》って**ゴミ箱《ばこ》に捨《す》てる。

正解《せいかい》は 3

自分《じぶん》で拾《ひろ》ってゴミ箱《ばこ》に捨《す》てる。

「わたしじゃないもん」なんて言《い》わず、気《き》がついたら拾《ひろ》って捨《す》てよう。みんなのために率先《そっせん》して片《かた》づけられるって、かっこいい！

Q2 図書館《としょかん》で借《か》りようと思《おも》って持《も》ち歩《ある》いていた本《ほん》、やっぱり借《か》りるのやめた！ こんなとき、ドースル？

1. 元《もと》の場所《ばしょ》に**もどす。**
2. めんどうくさいので、**そのへんにそっと置《お》く。**
3. **仕方《しかた》ないので借《か》りる**ことにする。

正解《せいかい》は 1

元《もと》の場所《ばしょ》にもどす。

ジャンル分《わ》けされて置《お》かれているのに、おかしなところにもどしたら、読《よ》みたい人《ひと》が探《さが》せなくなっちゃうよ。スーパーでも、買《か》うのをやめた商品《しょうひん》は元《もと》の場所《ばしょ》にもどそう！

LESSON《レッスン》

モノにはふさわしい場所《ばしょ》がある！

ルール1 使《つか》ったあとは、元《もと》の場所《ばしょ》へ！

つめ切《き》りやばんそうこう、ティッシュやリモコンなど家族《かぞく》みんなで使《つか》うモノは、使《つか》ったら元《もと》の場所《ばしょ》。つぎの人《ひと》が探《さが》さずにすむように、ルールを守《まも》ろう！

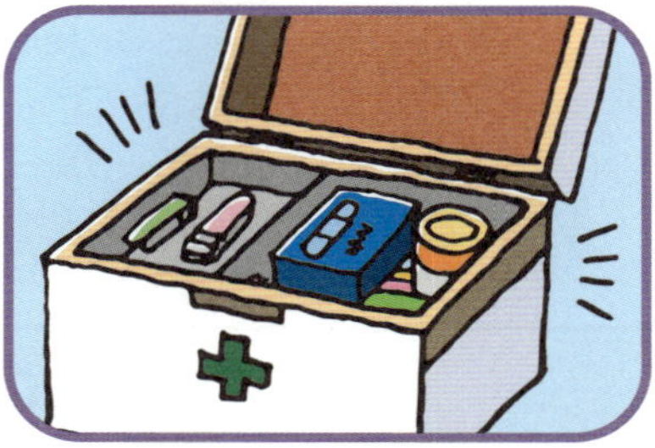

ルール2 ゴミはすぐさまゴミ箱《ばこ》へ！

食《た》べたお菓子《かし》の包《つつ》み紙《がみ》なども、すぐにゴミ箱《ばこ》に捨《す》てる習慣《しゅうかん》をつければ、部屋《へや》が散《ち》らからないよ。

はなみず
とまらない~
ゴミ

ルール3 自分《じぶん》のモノの置《お》き場所《ばしょ》を考《かんが》える

とり出《だ》しやすさ、しまいやすさを考《かんが》えて、「筆記用具《ひっきようぐ》はココ！」など、置《お》き場所《ばしょ》をそれぞれ決《き》めよう。

マナミンMEMO

つぎ使《つか》う人《ひと》の気持《きも》ちを考《かんが》えて元《もと》の場所《ばしょ》へともどすべし

マナミンも、もどるべき場所《ばしょ》があるんじゃないの？
まだまだマナー星《せい》には帰《かえ》らないわよ！
UFO
UMA

LESSON《レッスン》

ゴミはルールを守《まも》って捨《す》てよう！

ゴミの分別方法《ぶんべつほうほう》は住《す》んでいる地域《ちいき》によってちがうから、ルールを確《かく》認《にん》して捨《す》ててね！

ゴミの分別例《ぶんべつれい》

燃《も》やせるゴミ

生《なま》ゴミ

紙《かみ》くず

ビニール袋《ぶくろ》

ボロ布《ぬの》

衣類《いるい》

ダメージがすくない衣類《いるい》はリサイクルできる。かわいた状態《じょうたい》で回《かい》収《しゅう》してもらおう。

燃《も》やせないゴミ

ガラス

金属《きんぞく》

小型家電《こがたかでん》

CD《シーディー》・DVD《ディーブイディー》

ゴム製《せい》のモノ

かさ

ゲームソフト

ペットボトル

このマークがついているものは、リサイクルできる。

ラベルをはがし軽《かる》く水洗《みずあら》いして、キャップはプラスチックゴミへ。

プラスチック

このマークがついているものは、リサイクルできる。

マークはパッケージのうらについていることが多《おお》いからチェックしよう。

紙類《かみるい》

雑誌《ざっし》

新聞《しんぶん》

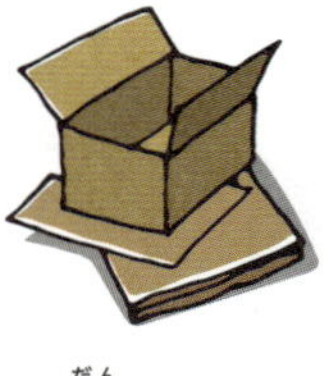

段《だん》ボール

お菓子《かし》の箱《はこ》

紙《かみ》コップや紙皿《かみざら》は防《ぼう》水加工《すいかこう》されていてリサイクルできないから、燃《も》やせるゴミへ！

缶《かん》

このマークがついているものはリサイクルできる。

スプレー缶《かん》はリサイクルできないので、使《つか》いきって燃《も》やせないゴミへ。シューという音《おと》が聞《き》こえなくなるまで出《だ》しきろう。

乾電池《かんでんち》

ほかのゴミといっしょにせず、乾電《かんでん》池《ち》だけでまとめて捨《す》てる。

おふろ場《ば》&洗《せん》面《めん》所《じょ》&トイレのマナー

ふろ、出《で》たぞー
花子《はなこ》! 入《はい》りなさい
おふろ場《ば》にて
いい湯《ゆ》だったなー
あはははははは
…
びちゃ
びちゃ
脱衣所《だついじょ》
湯船《ゆぶね》
お父《とう》さん! なんでいつもこんなに汚《きたな》く使《つか》うのー!?
男《おとこ》のフロ
ワイルドだろぉ?
いけませんね…
みんなが使《つか》う場所《ばしょ》はみんなが気持《きも》ちよく使《つか》えるように…
ゴゴゴ
ゴゴ
はっ
マナミン
…そうじ
はい…
ピカ
ピカ

洗面所《せんめんじょ》にて
花子《はなこ》、洗面台《せんめんだい》使《つか》っていい?
うん いいよー
ん
♪~
…って
ちょっと花子《はなこ》!!
なんなのこの洗面台《せんめんだい》は?
ざわわわわ
えっ?
あっ
なんでいつもこんなに汚《きたな》く使《つか》うの?
花子《はなこ》…
来《き》た…マナミン…
お父《とう》さんにはあれだけ文句《もんく》言《い》ってたのに
自分《じぶん》は全然《ぜんぜん》できてないじゃない!
洗面所《せんめんじょ》も使《つか》ったあとはきれいにしてこそ
マナー上級者《じょうきゅうしゃ》よ
OK《オーケー》!?
わ、わかりました…
また顔《かお》が変《か》わってる…
できた…
ピカ
ピカ

お先《さき》〜っ
トイレ
トイレ
ん?
サササ
トイレにて
ガチャ
なんじゃこりゃあ!
うおーーっ
もあ〜〜〜〜
どしたの?
マナミンきちゃダメーーー!!
う
ドサッ
マナミーーン!!
太郎《たろう》!
におい!
汚《よご》れ!
ひどすぎる!
ちゃんとそうじしてー
ごめんなさい〜
はい…ただちに…
ピカ
ピカ

LESSON《レッスン》

使《つか》ったあとはここをチェック！

おふろ場《ば》

バスタブにかみの毛《け》やゴミが浮《う》いていない

排水口《はいすいこう》にゴミがたまっていない

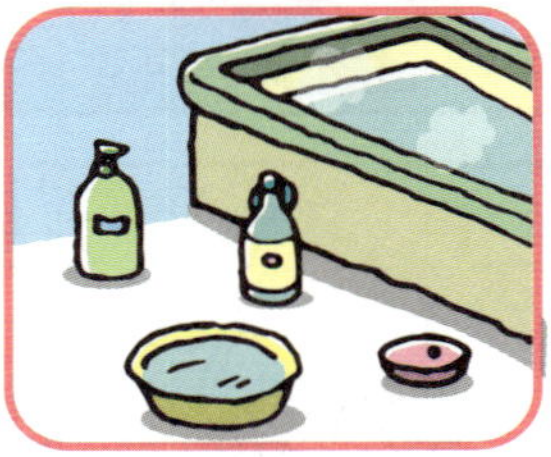

使《つか》ったモノを元《もと》の場所《ばしょ》にもどした

洗面所《せんめんじょ》

歯《は》ブラシなどを決《き》められた場所《ばしょ》にもどした

流《なが》しに落《お》ちてしまったかみの毛《け》を捨《す》てた

飛《と》び散《ち》ってしまった水《みず》しぶきをふいた

トイレ

きちんと流《なが》れたのを確《かく》認《にん》した

汚《よご》れや飛《と》び散《ち》った水《みず》しぶきをふいた

つぎの人《ひと》のトイレットペーパーが残《のこ》っている

マナーを守《まも》るともっとおいしい！

花子《はなこ》！ 太郎《たろう》！ 日曜日《にちようび》は礼儀《れいぎ》さんとすき焼《や》きパーティーよ！
って
ふたりともなにしてんの？
すき焼《や》きの舞《まい》！
ああスキヤキ肉《にく》よ！お肉《にく》しかもブランド牛《ぎゅう》なんて……食《た》べたことないよねえ…
喜《よろこ》ぶのはまだ早《はや》いわよ！
う、マナミン！
花子《はなこ》、あなた正《ただし》くんといっしょに食事《しょくじ》をするのよ
マナーが悪《わる》いとどうなるのかしら？
あれー？花子《はなこ》ちゃんってちょっとお行儀《ぎょうぎ》悪《わる》いなあ…
マナミン、どうしよう！すき焼《や》き！ ヤバイ！ ドキドキしてきた〜〜！
たーすーけーてー
ことの重大《じゅうだい》さにやっと気《き》がついたわね
じゃあ、ここでしっかり食事《しょくじ》のマナーを学《まな》ぶのよー！
おーっ
ブランド牛《ぎゅう》の名《な》のもとにー！

LESSON《レッスン》

基本的《きほんてき》な食事《しょくじ》のマナー

食事《しょくじ》のまえに

手《て》を洗《あら》おう

ゴシゴシッ
ジャー

汚《きたな》い手《て》で食事《しょくじ》をしていると、いっしょに食《た》べている人《ひと》がイヤな気持《きも》ちになるよ。衛生的《えいせいてき》にもよくないから、かならず手《て》を洗《あら》おう！

ごはん、おかずを正《ただ》しく並《なら》べよう

ごはんは左側《ひだりがわ》、みそ汁《しる》などの汁《しる》ものは右側《みぎがわ》に置《お》く。メインの魚《さかな》や肉《にく》のおかずを「主菜《しゅさい》」、煮物《にもの》やサラダ、和《あ》えものなどを「副《ふく》菜《さい》」というよ。

副菜《ふくさい》①
副菜《ふくさい》②
主菜《しゅさい》
ごはん
箸《はし》
汁《しる》もの

ならべるのをおてつだいしてくれると助《たす》かるわ〜

食事中《しょくじちゅう》

食《た》べるまえに「いただきます」

こぼさないように気《き》をつける

食器《しょっき》で大《おお》きな音《おと》を立《た》てない

かんでいるときは口《くち》を閉《と》じる

ひじをつかない

食《た》べながらしゃべらない

好《す》き嫌《きら》いせず、残《のこ》さず食《た》べる

もうおなかいっぱいで…
あの
いや その…
やさい残《のこ》すなーっ

下品《げひん》な話《はなし》をしない

なんかー
したいかもー
え

食卓《しょくたく》でゲップをしない

ゲフー

席《せき》を立《た》たない

ゲームもってくるね!
はあ?
ガタン

食《た》べおわったら

「ごちそうさま」を忘《わす》れない

ごちそうさまでした!

食器《しょっき》を片《かた》づける

おいしかったー
はやくー

タブーな箸《はし》の使《つか》い方《かた》

×指《さ》し箸《ばし》

➡箸《はし》で人《ひと》やモノを指《さ》す

箸《はし》で指《さ》すのはマナー違反《いはん》！

×寄《よ》せ箸《ばし》

➡箸《はし》で食器《しょっき》を引《ひ》き寄《よ》せる

食器《しょっき》は手《て》に持《も》って動《うご》かすこと！

×箸《はし》わたし

➡箸《はし》と箸《はし》で食《た》べものを受《う》けわたす

箸《はし》ではなく食器《しょっき》にとってわたそう！

×かみ箸《ばし》

➡箸先《はしさき》をかむ

箸自体《はしじたい》をかむのはダメだよ！

×刺《さ》し箸《ばし》

➡料理《りょうり》に箸《はし》を突《つ》き刺《さ》す

箸《はし》は食《た》べものをつまんで使《つか》うもの！

×たたき箸《ばし》

➡食器《しょっき》やテーブルを箸《はし》でたたく

箸《はし》はたいこのバチではないよ！

マナーを守《まも》って
みんなで楽《たの》しく
食《た》べるモモ!

マナミンMEMO

**お食事《しょくじ》の
マナーを守《まも》って　いとおいし
心《こころ》に染《し》みいる　栄養素《えいようそ》**

規《き》則《そく》正《ただ》しい生《せい》活《かつ》をしよう

夕方《ゆうがた》、うとうと昼寝《ひるね》する花子《はなこ》
ぐーー
ぐーー
マンガ
宿題《しゅくだい》
夜《よる》、部屋《へや》でゲームをする花子《はなこ》
よっしゃーークリア!
カチャカチャ
深夜《しんや》、ベッドでマンガを読《よ》む花子《はなこ》
やばい〜
泣《な》ける
翌朝《よくあさ》、いつものように寝坊《ねぼう》し、あわてて出《で》かける花子《はなこ》
ちこくだああ
またもや正《ただし》とはちあわせして笑《わら》われる花子《はなこ》
げっ
キ
泣《な》く花子《はなこ》
また見《み》られちゃった〜

はい花子《はなこ》！
このパターン
一週間《いっしゅうかん》に
何日《なんにち》ありますか？
毎日《まいにち》です
きっぱり
もうくり返《かえ》すの
やめようとは
思《おも》わない？
わかってるけど
気《き》がついたら
こうなっちゃうの
学習《がくしゅう》しよーよー
〝早起《はやお》きは三文《さんもん》の得《とく》〟ってことわざ
聞《き》いたことあるでしょ？
規則正《きそくただ》しい生活《せいかつ》をすると
一日《いちにち》がハッピーに
なるのよ♡
つぎのページから
規則正《きそくただ》しい生活《せいかつ》って
どんなものかまとめたから
よく読《よ》んでネ！
ぐーー
モギャース
ビーム

わたしには見《み》えるモモ・・・

Let's《レッツ》シミュレーション！

不規則《ふきそく》な生活《せいかつ》のゆくすえ

夜《よ》ふかし花子《はなこ》のゆくすえ

むだに時間《じかん》が過《す》ぎる

朝寝坊《あさねぼう》する

朝《あさ》ごはんを食《た》べない花子《はなこ》のゆくすえ

体《からだ》がだるい

頭《あたま》がはたらかない

テレビやゲームばかりの花子《はなこ》のゆくすえ

勉強時間《べんきょうじかん》が足《た》りなくなって、
テストの点数《てんすう》が下《さ》がる

目《め》が悪《わる》くなる

LESSON《レッスン》

規《き》則《そく》正《ただ》しく過《す》ごしてハッピーに！

ハッピーのひけつ①

早《はや》寝《ね》早《はや》起《お》きしよう！

スッキリ起《お》きられると、１日《にち》が気《き》持《も》ちよく過《す》ごせる。今《いま》まで寝《ね》ていた時《じ》間《かん》が使《つか》えるから、なにをしようかワクワクするね。

ハッピーのひけつ②

３食《しょく》しっかり食《た》べる

食《しょく》事《じ》はパワーの源《みなもと》。１日《にち》３回《かい》朝《あさ》・昼《ひる》・晩《ばん》、決《き》まった時間《じかん》に食《た》べるようにすると、元気《げんき》に過《す》ごせてますますハッピーになるよ！

ハッピーのひけつ③

うがい・手《て》洗《あら》いをする

健康《けんこう》にも気《き》をつけよう。１日《にち》２～３回《かい》、１回《かい》15秒《びょう》のうがいが病気《びょうき》の予《よ》防《ぼう》に役立《やくだ》つといわれているよ。手洗《てあら》いはつめの先《さき》までしっかりと。

ハッピーのひけつ④

時間《じかん》を決《き》めて遊《あそ》ぼう！

テレビやゲームは決《き》められた時間内《じかんない》で楽《たの》しもう。集中《しゅうちゅう》して楽《たの》しみ、やるべきことをちゃんとやると、ますます充実《じゅうじつ》した１日《にち》になるね。

おでかけまえは身《み》だしなみチェック

明日《あした》のすき焼《や》き パーティー おしゃれして 出陣《しゅつじん》よ!!
お食事《しょくじ》マナーは バッチリだし！
どんな服《ふく》 着《き》て行《い》くの？
え？
？
デートじゃないんだし
明日《あした》は正《ただし》くん だけじゃ ないんでしょ？
ご両親《りょうしん》もいらっしゃる わけだし、身《み》だしなみは さらに気《き》をつけないと！
そ、そっか
どう？
ギャルっぽくね？
これは？
ピクニックかよ！
これは？
どちらの山《やま》へ？
えっと…
なにパーティーだよ
花子《はなこ》…先《さき》に 寝《ね》るね…
はぁ
はぁ
はぁ
もう一時《いちじ》だよ
ど
どうすれば…

あ!
こ、これよこれ!!
シンプルで落《お》ちついた
ワンピース!!
あったぞー
あとは顔《かお》パックして
寝《ね》るぞー!!
花子《はなこ》～～!
もう10時《じ》
だよー!
起《お》きろ～
ぐお～
すー
心配《しんぱい》ないわよ
マナミン!
えっ?
ニヤリ
なぜなら——
ガバ
寝坊《ねぼう》したら大変《たいへん》だから
ワンピース着《き》たまま
寝《ね》たのだー!!
バサッ
花子《はなこ》…
アイロンかけないと
ヤバイよ…
えええっ!?
ひどい
身《み》だしなみ…
しわ
くちゃ

LESSON《レッスン》

身《み》だしなみって大《たい》切《せつ》だね

きれいに洗《せん》たくされてシワのない服《ふく》は、清潔感《せいけつかん》があって好印象《こういんしょう》。顔《かお》を洗《あら》って寝《ね》ぐせを直《なお》し、歯《は》みがきしたら、さあ出発《しゅっぱつ》！　ハンカチ、ティッシュも忘《わす》れずにね。

せっかくおしゃれな洋服《ようふく》を着《き》ていても、シミがついていたりシワくちゃだったりすると台無《だいな》し！　かみの毛《け》もボサボサだとだらしなく見《み》える。

マナミンMEMO

シワのばし
背筋《せすじ》のばして　おしゃれする
あなたを想《おも》う　乙女《おとめ》の心《こころ》♡

第《だい》3章《しょう》

学《がっ》校《こう》編《へん》

授業《じゅぎょう》中《ちゅう》のルールを守《まも》ろう

今日《きょう》からみんなといっしょに勉強《べんきょう》することになった
転校生《てんこうせい》のマナミンさんだ
よろしくお願《ねが》いしますー
ざわ
ざわ
おーー
おー、なかなかカワイイじゃんー
どこからきたのー?
ねー
ワー
学校通《がっこうかよ》うことになったんだね
うん
地球《ちきゅう》の学校《がっこう》の体験《たいけん》レポートを書《か》くんだって
ワー
えー、マナミンさんはまだ地球《ちきゅう》のことをよく知《し》らないので
みんないろいろ…
ワー
教《おし》えてあげ…
…!
ブチン
ワー
なんで髪《かみ》がムラサキなのー
宇宙人《うちゅうじん》だってー!!
マジかー
スゲー!

うるさーい!!
ヴーーン
くわっ
エミ! ふせて!! 早《はや》く!!
え?
え?
???
ドンッ
いい?
みんな…
先生《せんせい》の話《はなし》は静《しず》かに聞《き》きなさーい!!
マナー星《せい》からやってきたこのマナミン、授業中《じゅぎょうちゅう》のマナーをてっていてきにたたき込《こ》むからかくごしなさい!
ゴオオ
うわあああ ごめんなさい〜
一番《いちばん》さわいでいるのマナミンじゃん!
たしかにそうかもっ
マナミンさん! おちついてーっ

LESSON《レッスン》

授《じゅ》業《ぎょう》中《ちゅう》のルールって?

ルール1 チャイムがなったら席《せき》に着《つ》く

席《せき》に着《つ》かないと、授業《じゅぎょう》が始《はじ》められないよ。

ルール2 勝《かっ》手《て》に席《せき》を立《た》たない

授業《じゅぎょう》が中断《ちゅうだん》してしまうよ。

ルール3 先《せん》生《せい》の話《はなし》をしっかり聞《き》く

授業中《じゅぎょうちゅう》はちゃんと勉強《べんきょう》しよう。

ルール4 いねむりしない

授業《じゅぎょう》をしてくれている先生《せんせい》に失礼《しつれい》だよ。

ルール5 おしゃべりしない

まじめに授業《じゅぎょう》を聞《き》いている友《とも》だちに迷《めい》惑《わく》だよ。

ルール6 体《たい》調《ちょう》が悪《わる》くなったら先《せん》生《せい》に言《い》う

トイレに行《い》きたくなったときも、無理《むり》せず言《い》おう。

ルール7 発言《はつげん》したいときは手《て》を挙《あ》げる

勝手《かって》に発言《はつげん》するのはダメ！

正《ただ》しい手《て》の挙《あ》げ方《かた》

指先《ゆびさき》まできれいにのばして、高《たか》く手《て》を挙《あ》げよう。

ルール8 先生《せんせい》に指名《しめい》されてから発言《はつげん》する

好《す》き勝手《かって》に発言《はつげん》すると、だれがなにを言《い》っているかわからないよ！

ルール9 友《とも》だちの発言《はつげん》をちゃんと聞《き》く

自分《じぶん》が話《はな》すときも、聞《き》いてもらえなかったらイヤだよね？

ルール10 まちがった人《ひと》を笑《わら》わない

だれだってまちがうことはある。

マナミンMEMO

授業中《じゅぎょうちゅう》
勉強《べんきょう》、集中《しゅうちゅう》していれば
成績《せいせき》上昇《じょうしょう》　気分《きぶん》も上々《じょうじょう》

学校《がっこう》にムササビはきてはダメです

ムササビじゃないモモー！

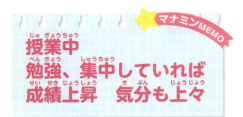

休《やす》み時《じ》間《かん》のルール

おお！　あれがかの有名《ゆうめい》な地球《ちきゅう》のすべり台《だい》！
ワー
ワー
あんなにならんでる！
マナー星《せい》にはないのね
二人《ふたり》もいっしょにやろー！
ねね
たたたた
って、もうならんでるし
早《はや》っ
わたしスカートだしパス…
たたたた
つぎだー
お先《さき》～
ひゃははははは
あっ
パラギャース!!
プチビーム
ズバーン
順番《じゅんばん》はちゃんと守《まも》りなさーい!!
マナミン…ごめんなさい…
わかればいいのよ♡
太郎《たろう》…わざと怒《おこ》られてない？
とりゃーー
うはははは
ザー
楽《たの》しそうだねー
マナミンちゃん…
でも、あのすべり方《かた》はルール違反《いはん》じゃね？

LESSON《レッスン》

気《き》をつけよう！休《やす》み時《じ》間《かん》のルール

ルール1 ろうかは走《はし》らない

走《はし》っていいのは校庭《こうてい》と体育館《たいいくかん》だけ。

ルール2 広《ひろ》がって歩《ある》かない

ほかの人《ひと》たちが通《とお》りづらいよ。

ルール3 階《かい》段《だん》で遊《あそ》ばない

危《あぶ》ないからダメ！

ルール4 ろうかですわり込《こ》まない

通《とお》る人《ひと》のじゃまになるよ。

ルール5 遊《ゆう》具《ぐ》はゆずりあって

遊《ゆう》具《ぐ》はみんなのものだよ。

ルール6 横《よこ》入《はい》りしない

順番《じゅんばん》を守《まも》って仲良《なかよ》く遊《あそ》ぼう。

ルール7 まわりに気《き》をつけて遊《あそ》ぶ

ボールを人《ひと》にあてたり、ぶつかったりしないよう注意《ちゅうい》。

ルール8 花《か》だんなどには入《はい》らない

お花《はな》を育《そだ》ててくれている人《ひと》の気《き》持《も》ちを考《かんが》えよう。

図書室《としょしつ》では

静《しず》かにする

読書《どくしょ》や勉強《べんきょう》をしている人《ひと》に迷惑《めいわく》！

本《ほん》を大切《たいせつ》にする

やぶくのも、落書《らくが》きもダメ！

読《よ》んだ本《ほん》は元《もと》の場所《ばしょ》に

借《か》りたい人《ひと》がこまってしまうよ！

返却日《へんきゃくび》を守《まも》る

みんなが借《か》りられるようにね！

マナミンMEMO

休《やす》み時間《じかん》　けがせず　ルールを守《まも》ったら
気分《きぶん》そうかい　キミもゆかい

職員室《しょくいんしつ》・保健室《ほけんしつ》に行《い》くときのマナー

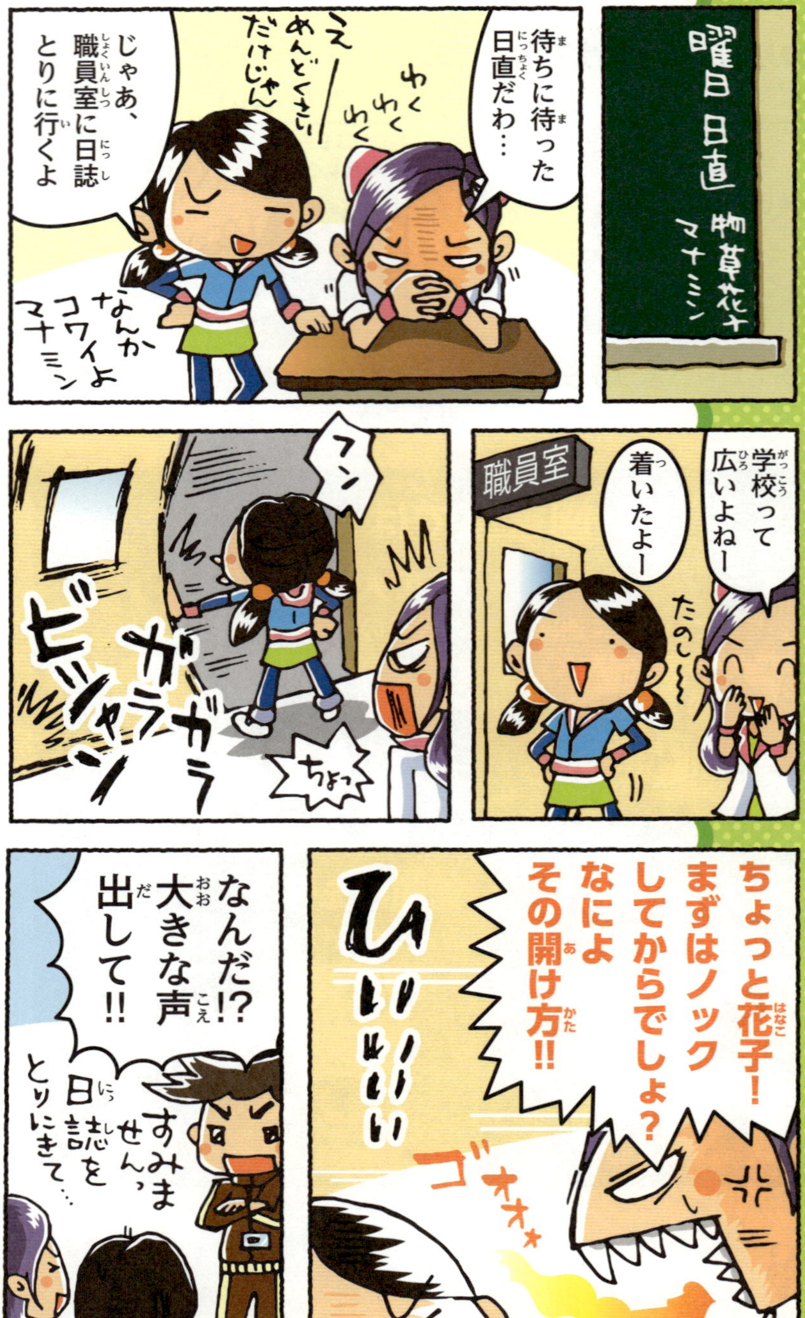
曜日 日直 物草花子
マナミン
待《ま》ちに待《ま》った日直《にっちょく》だわ…
わくわくわく
え～めんどくさいだけじゃん
じゃあ、職員室《しょくいんしつ》に日誌《にっし》とりに行《い》くよ
なんかコワイよマナミン
職員室
学校《がっこう》って広《ひろ》いよねー
着《つ》いたよー
たのし～
フン
ガラガラ
ビシャン
ちょっ
ちょっと花子《はなこ》！まずはノックしてからでしょ？なによその開《あ》け方《かた》!!
ひぃぃぃ
ゴオオォ
なんだ!? 大《おお》きな声《こえ》出《だ》して!!
すみません、日誌《にっし》をとりにきて…

もう! 花子《はなこ》のせいでしかられたじゃない!
マナミンがうるさいからでしょ!
なによ〜 花子《はなこ》のマナーが悪《わる》いからいけないのよ!
マナミンだって教室《きょうしつ》破壊《はかい》したりありえないことするじゃんよ!
ゴゴゴ
ゴゴゴゴ
なによ!
なんなのよー!!
キイイエエエッ
ギャア
グオー
あれは…
あ、正《ただし》くん
5年《ねん》の女子《じょし》だって
なんだなんだ〜
ハイ そこまでモモ!!
あ、マナミンのペットの…?
モモコです
モモンガです
とべるんだ〜
マナミン! 足《あし》すりむいているモモ
え? あっ痛《いた》いかも〜
血《ち》だ
ゴメン マナミン〜
わあぁぁ
はい! 先生《せんせい》に言《い》って保健室《ほけんしつ》に行《い》くモモ

LESSON《レッスン》

職員室《しょくいんしつ》に行《い》くときのマナー

正《ただし》くんのOK《オーケー》マナーをのぞき見《み》するモモ～

①

職員室
コンコン

入《はい》るまえにドアをノック。
これ大事《だいじ》モモ！

②

失礼《しつれい》します 6年《ねん》2組《くみ》の 礼儀《れいぎ》正《ただし》です
はーい

あいさつして名前《なまえ》を名乗《なの》る流《なが》れ、さすがモモ！

③

来週《らいしゅう》の 文化祭《ぶんかさい》の 件《けん》ですが…

言葉《ことば》づかいもていねいで
すばらしいわ～

④

失礼《しつれい》しました
はいはい

おじぎもちゃんとしてる！

⑤

パタン
カラ
カラ
エレガント～
キャー
スマートにもほどがあるわ♡

ドアの閉《し》め方《かた》も静《しず》か！
かんぺきモモ！

むむ、ライバル
多《おお》すぎる…

かっこよくてマナー
も満点《まんてん》♪　そりゃ、
モテるよね

LESSON《レッスン》

保健室《ほけんしつ》に行《い》くときのマナー

またもや正《ただし》くんのOK《オーケー》マナーをのぞき見《み》するモモ～

①

先生《せんせい》、ひじをけがしたので保健室《ほけんしつ》に行《い》ってきます
そうか わかった

急《きゅう》にいなくなると先生《せんせい》も心配《しんぱい》。Good《グッド》モモ！

②

失礼《しつれい》します
コンコン
保健室

入《はい》るまえにノック。ぬかりはないモモね。

③

サッカーの練習中《れんしゅうちゅう》にひじをけがしました
あらー

体《からだ》の様子《ようす》をわかりやすく伝《つた》えるモモ！

④

動《うご》かないでネ～

寝《ね》ている人《ひと》もいるから、静《しず》かにしなきゃね！

⑤

ありがとうございました
おだいじに～

お礼《れい》もしっかり忘《わす》れない。あっぱれ！

くやし～

正《ただし》くんのひじ、わたしが消毒《しょうどく》してあげたい

保健室《ほけんしつ》のモノは、勝手《かって》にさわっちゃダメだからね！

みんなのモノと
場所《ばしょ》だから

整理整頓《せいりせいとん》して大切《たいせつ》に！

学校《がっこう》の遊具《ゆうぐ》やボール、机《つくえ》などの備品《びひん》はみんなのモノ。つぎに使《つか》う人《ひと》のことを考《かんが》えて、ていねいにあつかおう。また、自分《じぶん》のモノは決《き》められた場所《ばしょ》に整理《せいり》しよう。

NG 落書《らくが》きする

NG 乱暴《らんぼう》にあつかう

NG 自分《じぶん》のモノを散《ち》らかす

NG そうじ用具《ようぐ》で遊《あそ》ぶ

みんなで使《つか》うモノや
場所《ばしょ》だということを
忘《わす》れちゃダメモモ！

マナミンMEMO

想い人《あのひと》も　この子《こ》も使《つか》う
モノだから
大事《だいじ》にあつかい　ああ幸《しあわ》せ

第《だい》4章《しょう》

友《とも》だちの家《いえ》編《へん》

おじゃましました
肉《にく》まん おいしかったですー

これで全部《ぜんぶ》と

ゴハンのときはTV《テレビ》消《け》そうネ♡
え?

遊《あそ》びに行《い》くまえに

ただいま～
さーーーて遊《あそ》びに行《い》こーっと
ドサッ
え？宿題《しゅくだい》は？
先《さき》にやらないとまた忘《わす》れちゃうモモ！
あとでだいじょうぶ！
がはは
宿題《しゅくだい》を先《さき》にやってけーー
じゃあねー
いってきまーす！
って…正《ただし》くん！
うおっ
またこの展開《てんかい》
あ、花子《はなこ》ちゃんおでかけかな？
うん、エミの家《いえ》に遊《あそ》びに行《い》くの！
そっかーいつも仲良《なかよ》しだね！

正《ただし》くんは今日《きょう》もサッカーの練習《れんしゅう》?
うん。でも
先《さき》に宿題《しゅくだい》やってからじゃないと…
ねぇ
やることやってからのほうが集中《しゅうちゅう》してたくさん練習《れんしゅう》ができるから!
花子《はなこ》ちゃんはもう、宿題《しゅくだい》おわったんだね
えらいねー
じゃあ気《き》をつけてネ~
は…い…
ただいま…
あれ? 忘《わす》れもの?
宿題《しゅくだい》よ宿題《しゅくだい》!!
いい女《おんな》はやるべきことをやってから余暇《よか》を楽《たの》しむものよ!
また正《ただし》くんに会《あ》ったねアレだね
ゴゴゴゴ
そのころ——
あれ? 花《はな》ちゃんどうしたのかな…
おそいなー

Let's《レッツ》 ウォッチング!

やるべきことを先《さき》にやると…

こんないいこと① 帰《かえ》る時《じ》間《かん》まで思《おも》いきり遊《あそ》べる

先《さき》にやると
いくぞー
こっちだー
正《ただし》ィ〜!!

宿題《しゅくだい》のことを忘《わす》れて、思《おも》う存分楽《ぞんぶんたの》しめるね！

やらないと
なにもやってない…
ゴハンよー

先《さき》に遊《あそ》ぶなら、宿題《しゅくだい》の時間《じかん》を決《き》めて早《はや》く帰《かえ》ろう。

こんないいこと② 「宿《しゅく》題《だい》忘《わす》れた！」なんてことになりづらい

先《さき》にやると
これで全《ぜん》部《ぶ》と

明日《あした》の準備《じゅんび》までしておけば、かんぺきだね！

やらないと
もうおしまいだ…
また宿《しゅく》題《だい》かー

あとまわしにすると、うっかり忘《わす》れる可能性《かのうせい》も。

こんないいこと③ 規《き》則《そく》正《ただ》しい生《せい》活《かつ》ができ、さらに元《げん》気《き》に

先《さき》にやると
おはよう!

睡眠《すいみん》をしっかりとれるから、毎日元《まいにちげん》気《き》いっぱい！

やらないと
ギッ
ギッ
ねむい…
ねむい

あとまわしにすると、寝《ね》る時間《じかん》がおそくなってしまうかも。

正《ただし》さん、カッケー！
男《おとこ》でもあこがれるぜ

さすが正《ただし》くん♥
太郎《たろう》も見習《みなら》いなさいよ！

遊《あそ》びに行《い》くときのルールは
ほかにもあるわよ

遊《あそ》びに行《い》くときのルール

ルール1 行《い》き先《さき》と帰《かえ》る時間《じかん》を家《いえ》の人《ひと》に伝《つた》える

どこでなにをしているのかわからないと、家《いえ》の人《ひと》が心配《しんぱい》するよ。帰《かえ》る時間《かん》も伝《つた》えよう。

いってきます！
いってらっしゃーい
エミのおうちに
行《い》ってくるねー
5時《じ》に帰《かえ》るから

ルール2 危険《きけん》な場所《ばしょ》や禁止《きんし》されているところには行《い》かない

ゲームセンターなど子《こ》どもだけで行《い》ってはいけないところや、工事現《こうじげん》場《ば》のような危《あぶ》ない場所《ばしょ》に近《ちか》づかない。

いたーい！
立《たち》入《いり》禁《きん》止《し》

ルール3 家《いえ》の人《ひと》と約束《やくそく》した時間《じかん》に帰《かえ》る

家《いえ》で決《き》められている門限《もんげん》はかならず守《まも》ろう。おそくなってしまいそうなときは、きちんと連絡《れんらく》すること。

おかーさーん
おかーさーん
タスケテー
花子《はなこ》オ〜〜
まだ5時《じ》だよー
おおおお

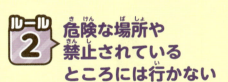

友《とも》だちの家《いえ》でのマナー

えええええ——!?
ぶばっ
なんで太郎《たろう》が正《ただし》くんの家《いえ》に遊《あそ》びに行《い》くのよ!
いや、だから正《ただし》くんが持《も》ってるゲームの話《はなし》を聞《き》いててさ
きたないーー
それ「楽《たの》しそう」って言《い》ったら「日曜日《にちようび》に遊《あそ》びに来《く》れば?」って言《い》ってくれたんだもん
え——っ
え——!っ
ずるい〜〜
ずるい——
太郎《たろう》だけ——っ
太郎《たろう》!
頼《たの》む!!
日曜日《にちようび》、わたしと体《からだ》をとりかえてくれ!
なあ おい
ムリだろ!
ぐぐぐぐ
まあ、でも太郎《たろう》はだらしないからすぐにきらわれるね
姉《ねえ》ちゃんに言《い》われたくないねー
チッ
ていうか、ちゃんとお行儀《ぎょうぎ》よくしてちょうだいね
ホントに〜
おとなりさんでずっとおつきあいがあるのに
物草家《ものぐさけ》全員《ぜんいん》がだらしないと思《おも》われたらこまるわ!

マナミン、太郎《たろう》に
友《とも》だちの家《いえ》に
行《い》くときのマナー
教《おし》えてあげて
まかせて！
ハイ！
シーン1
太郎《たろう》、正《ただし》くんの
家《いえ》に着《つ》いた～
カチン
シーン1
ちぃーーす！
カァーーット
ちがーう
ゴオオオオ
まず
「こんにちは」
でしょ！
ていねいに
あいさつ!!
はい……
くわっ
こんにちは！
おじゃまします。
あら、
太郎《たろう》くん♡
今日《きょう》は
かわいくて
美《うつく》しい
お姉《ねえ》ちゃんは
いっしょじゃ
ないのォ？
カァーーット
花子《はなこ》じゃま
すんな
ゴオオオ
この三人《さんにん》、
どうも不安《ふあん》だわ…
ねえ、モモちゃん
最後《さいご》の頼《たの》みは
あなただけ…
お願《ねが》いして
いい？
カァット
ゴオオオ
ギィエイ
承知《しょうち》しました
拙者《せっしゃ》におまかせ
あれ～！
…モモ！
たまーに
キャラが
変《か》わるわね

LESSON《レッスン》

友《とも》だちの家《いえ》でのマナーって?

マナー 1 元気《げんき》にあいさつをする

友《とも》だちの家《いえ》の人《ひと》の目《め》を見《み》て、ていねいにあいさつしよう。

マナー 2 ぬいだくつをそろえる

くつの先《さき》をドアのほうにむけてそろえる。はしに寄《よ》せると、さらにGood《グッド》!

マナー 3 家《いえ》のモノを勝手《かって》にさわらない

冷蔵庫《れいぞうこ》はもちろん、友《とも》だちの机《つくえ》も勝手《かって》に開《あ》けてはダメ。

マナー 4 おやつを自分《じぶん》からさいそくしない

のどがかわいたときは、「お水《みず》くださ い」とお願《ねが》いするのがマナー上級者《じょうきゅうしゃ》。

マナー5 なにかをもらったらお礼《れい》を伝《つた》える

なにかいただいたりしたらお礼《れい》を言《い》い、帰宅後《きたくご》、家《いえ》の人《ひと》に伝《つた》えよう。

マナー6 勝手《かって》にほかの部屋《へや》に入《はい》らない

かくれんぼをするときも、通《とお》された部屋《へや》以外《いがい》に入《はい》ってはいけないよ!

マナー7 帰《かえ》るまえに片《かた》づける

帰《かえ》る時間《じかん》が近《ちか》づいてきたら片《かた》づけをして、きれいにしてから帰《かえ》ろう。

マナー8 きちんとあいさつをして帰《かえ》る

あいさつしないで帰《かえ》ってしまうのはマナー違反《いはん》!

マナミンMEMO

友《とも》だちの
家《いえ》でもマナーを守《まも》ってね
楽《たの》しく過《す》ごして
また遊《あそ》ぼう!

これだけ守《まも》れれば太郎《たろう》もバッチリモモ!

ずるい!! わたしも行《い》きたい!

コラム

ドースル!?

友《とも》だちの家《いえ》に泊《と》まるとき

マナー 1 家《いえ》の人《ひと》の許可《きょか》をとろう

泊《と》まりに行《い》く場合《ばあい》もきてもらう場合《ばあい》も、家《いえ》の人《ひと》に確認《かくにん》しよう。友《とも》だちの親《おや》がOK《オーケー》しているか、家《いえ》の人《ひと》に確認《かくにん》してもらってね。

明日《あした》、エミの家《いえ》に泊《と》まりに行《い》っていい?
いいけど…明日《あした》だよね?

マナー 2 持《も》たされた手土産《てみやげ》はすぐわたそう

家《いえ》の人《ひと》に、ジュースやお菓子《かし》などの手《て》土産《みやげ》を持《も》たされたら、友《とも》だちと勝手《かって》に飲《の》んだり食《た》べたりせず、友《とも》だちの家《いえ》の人《ひと》にすぐわたそう。

はい これお土産《みやげ》ね
今《いま》食《た》べちゃだめよ!
ふ
ふー

マナー 3 泊《と》まりに行《い》く家《いえ》のルールにしたがう

友《とも》だちの家《いえ》には、友《とも》だちの家《いえ》のルールがある。自分《じぶん》の家《いえ》とちがっても、その家《いえ》のやり方《かた》にしたがおう。

ゴハンのときはTV《テレビ》消《け》そうネ♡
え?

マナー 4 はしゃぎすぎて大声《おおごえ》を出《だ》さない

友《とも》だちと過《す》ごす夜《よる》はとても楽《たの》しいね。でも、家《いえ》にはほかの家族《かぞく》もいるし、近所迷惑《きんじょめいわく》にもなるから、声《こえ》はおさえめで楽《たの》しもう。

うははははは
マジヤベー
花《はな》ちゃーん
おもしろい～～

第《だい》5章《しょう》

おでかけ編《へん》

乗《の》りものに乗《の》るときのマナー

マンガイベント楽《たの》しみ！
早《はや》く行《い》きたいね〜
電車《でんしゃ》きたわよ気《き》をつけて
プシュー
花子《はなこ》ー下《さ》がって!!
早《はや》く乗《の》らなくちゃ！
いそげ〜
こらー花子《はなこ》！
降《お》りる人《ひと》が先《さき》よ!!
わ
あっすみませんっ
いたっ
ボフッ
だれかと思《おも》ったら花子《はなこ》ちゃん！
ぎゃ！
正《ただし》くん!!
ぼくだったからよかったけど
電車《でんしゃ》では降《お》りる人《ひと》を待《ま》ってから乗《の》ろうね じゃあ！
…

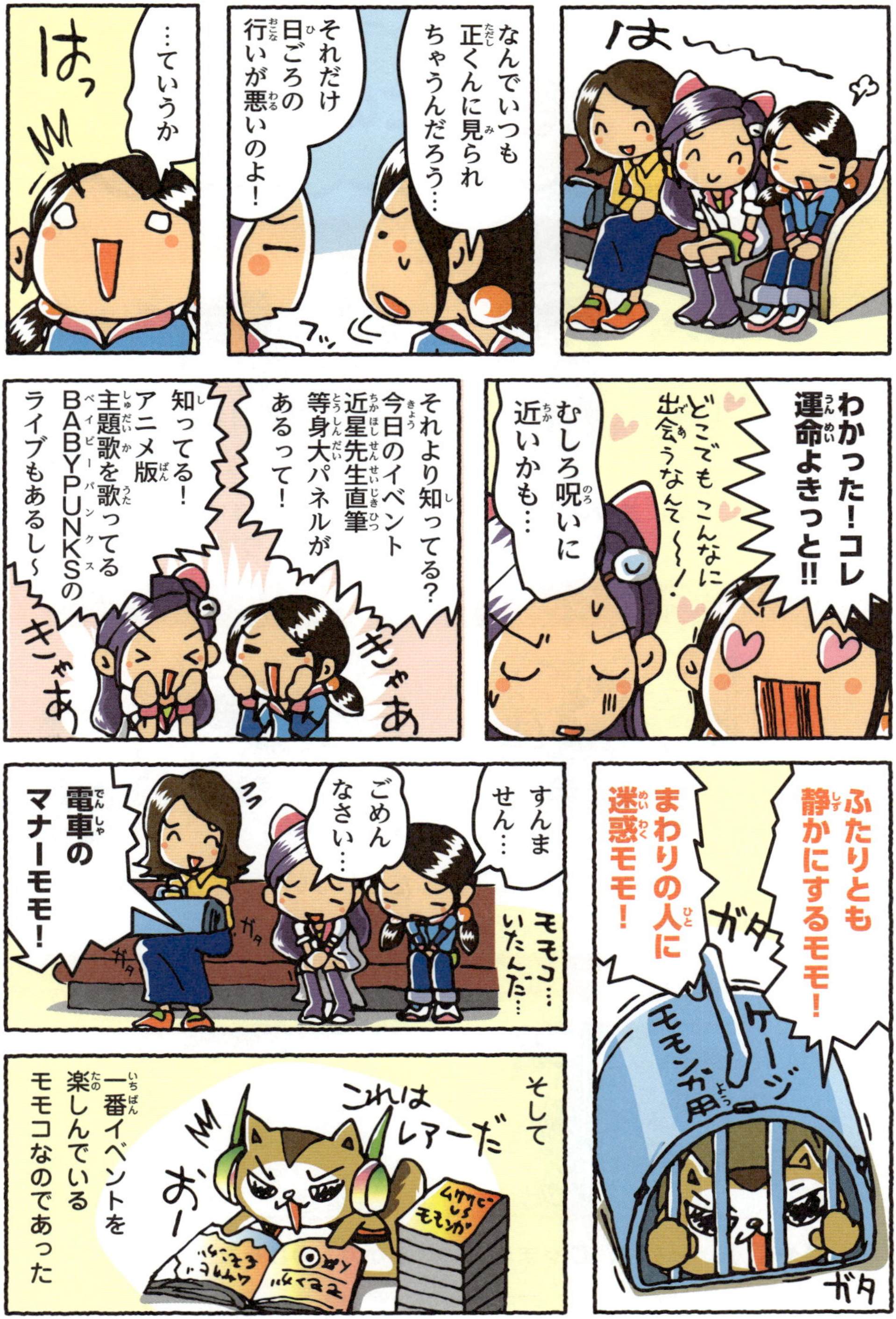
は〜〜
なんでいつも正《ただし》くんに見《み》られちゃうんだろう…
それだけ日《ひ》ごろの行《おこな》いが悪《わる》いのよ!
…ていうか
はっ
わかった!コレ運命《うんめい》よきっと!!
どこでもこんなに出会《であ》うなんて〜〜!
むしろ呪《のろ》いに近《ちか》いかも…
それより知《し》ってる? 今日《きょう》のイベント近星先生直筆《ちかほしせんせいじきひつ》等身大《とうしんだい》パネルがあるって!
知《し》ってる! アニメ版《ばん》主題歌《しゅだいか》を歌《うた》ってるBABYPUNKS《ベイビーパンクス》のライブもあるし〜
きゃあ
きゃあ
ふたりとも静《しず》かにするモモ! まわりの人《ひと》に迷惑《めいわく》モモ!
ガタ
モモンガ用《よう》ケージ
ガタ
すんません…
ごめんなさい…
電車《でんしゃ》のマナーモモ!
モモコ…いたんだ…
ガタ
ガタ
そして一番《いちばん》イベントを楽《たの》しんでいるモモコなのであった
これはレアーだ
おー!

LESSON《レッスン》

乗《の》りものでのマナー

乗《の》るときは

OK

ドアのわきに順番《じゅんばん》に並《なら》び、人《ひと》が降《お》りてから乗《の》る。

乗《の》りたい
ちょっと降りられない!

NG

降《お》りたい人《ひと》が降《お》りられないし、ぶつかるなどトラブルのもと。

シートにすわるときは

OK

たくさんの人《ひと》がすわれるように、きちんとつめてすわろう。

ぐお——

NG

だらしないし、ほかの人《ひと》がすわりにくい。

シートにすわらないときは

OK

吊《つ》り革《かわ》や手《て》すりをもち、じゃまにならない場所《ばしょ》に立《た》とう。

宿題《しゅくだい》!?
え—?

NG

ほかの人《ひと》のじゃまになるからダメ。

お年寄《としよ》りや体《からだ》の不自由《ふじゆう》な人《ひと》を見《み》かけたときは

声《こえ》をかけて席《せき》をゆずろう。

妊婦《にんぷ》さんや小《ちい》さな子《こ》どもを抱《だ》っこしている人《ひと》にもゆずろう。

こんなことにも注意《ちゅうい》！

リュックはまえにかかえるなど、荷物《にもつ》がじゃまにならないように。

食《た》べこぼしやにおいが迷惑《めいわく》になるから飲食《いんしょく》はしないこと。

優先席《ゆうせんせき》って？

近《ちか》くにこのような表示《ひょうじ》のあるシートは「優先席《ゆうせんせき》」といって、小《ちい》さな子《こ》どもを連《つ》れている人《ひと》、妊娠中《にんしんちゅう》の人《ひと》、お年寄《としよ》り、体《からだ》の不自由《ふじゆう》な人《ひと》などが優先《ゆうせん》的《てき》にすわるためのもの。日《ひ》ごろから気《き》をつけるようにしよう。

大《おお》きな声《こえ》で話《はな》さない。ヘッドフォンのボリュームにも気《き》をつける。

ゆずりあいの気持《きも》ちが大切《たいせつ》モモ！

交《こう》通《つう》ルールを守《まも》って安《あん》全《ぜん》に

負《ま》けるか———
勝負《しょうぶ》だ———っ!
あっ!
わあ〜〜
ガシャーン
ガ
痛《い》ててて…
太郎《たろう》くんじゃないか!
え?
だいじょうぶか?
あっ 正《ただし》くん!!

自転車《じてんしゃ》で競争《きょうそう》したら危《あぶ》ないからダメだぞ!
ゴメンナサイ…
転《ころ》んだらケガするし人《ひと》とぶつかったら大変《たいへん》な事故《じこ》になるんだ
せっかくカッコイイ自転車《じてんしゃ》に乗《の》ってるんだから
交通《こうつう》ルールは守《まも》ろうぜ!
カッケー
わかった!もうしないよ!
ぞくぞく
よし、帰《かえ》ろう
ぼくも帰《かえ》るねー
バイバーイ
キャー
キャー
キャー
見《み》た?
見《み》た
なんちゅうイケメンぶり…
正《ただし》くーーーん!
はっ
うあああああぁ
ハチー
また…
事故《じこ》だ

\LESSON《レッスン》/

安《あん》全《ぜん》第《だい》一《いち》！ 道《みち》を歩《ある》くときのルール

信《しん》号《ごう》を守《まも》る
歩《ほ》道《どう》を歩《ある》く
横《おう》断《だん》歩《ほ》道《どう》以《い》外《がい》のところをわたらない
道《みち》にとつぜん飛《と》び出《だ》さない
うははは
道《どう》路《ろ》で遊《あそ》ばない
本《ほん》やゲーム、スマホを見《み》ながら歩《ある》かない

クイズ

交通安全《こうつうあんぜん》 キミならドースル?

Q1 青信号《あおしんごう》がチカチカと点滅《てんめつ》しているよ。さあ、キミならどうする?

1. 急《いそ》いで走《はし》ってわたる。
2. 次《つぎ》の青信号《あおしんごう》まで待《ま》ってからわたる。
3. 一気《いっき》に飛《と》べるかチャレンジしてみる。

正解《せいかい》は 2

次《つぎ》の青信号《あおしんごう》まで待《ま》ってからわたる。

青信号《あおしんごう》がチカチカ点滅《てんめつ》するのは、「わたり始《はじ》めてはいけません」という合図《あいず》。あわててわたると、自動車《じどうしゃ》が急《きゅう》にくることもあって危険《きけん》! 次《つぎ》の青信号《あおしんごう》までちゃんと待《ま》とう。

Q2 どうやらここは歩道《ほどう》がない道路《どうろ》のよう。さあ、キミならどこを歩《ある》く?

1. 存在感《そんざいかん》を示《しめ》すため、堂々《どうどう》と道路《どうろ》のまんなかを歩《ある》く。
2. 自動車《じどうしゃ》、人《ひと》、自転車《じてんしゃ》、すべて左側《ひだりがわ》を走《はし》るのがこの世《よ》のルール。
3. 自転車《じてんしゃ》や自動車《じどうしゃ》とぶつからないよう、右側《みぎがわ》を歩《ある》く。

正解《せいかい》は 3

自転車《じてんしゃ》や自動車《じどうしゃ》とぶつからないよう、右側《みぎがわ》を歩《ある》く。

道路《どうろ》のまんなかや左側《ひだりがわ》を歩《ある》くと、後《うし》ろからくる自動車《じどうしゃ》や左側《ひだりがわ》を走《はし》るルールの自転車《じてんしゃ》(92ページ参照《さんしょう》)にぶつかってしまうかも! 歩行者《ほこうしゃ》は右側《みぎがわ》を歩《ある》くのがルール。

LESSON《レッスン》

自転車《じてんしゃ》に乗《の》るときのルール

ルール1 原則《げんそく》、車道《しゃどう》の左側《ひだりがわ》を通《とお》ろう

自転車《じてんしゃ》は「左側《ひだりがわ》を走《はし》るのがルール」と法律《ほうりつ》で決《き》められているよ。※

ルール2 歩道《ほどう》では、車道側《しゃどうがわ》をゆっくりと

歩行者《ほこうしゃ》にぶつからないよう、すぐに止《と》まれるスピードで車道側《しゃどうがわ》を走《はし》ろう。

ルール3 自転車《じてんしゃ》マークがあるところは、そこを通《とお》ろう

「自転車横断帯《じてんしゃおうだんたい》」といって自転車専用《じてんしゃせんよう》のエリアだよ。

ルール4 横断歩道《おうだんほどう》は、歩行者《ほこうしゃ》に気《き》をつけてわたろう

歩行者《ほこうしゃ》がいるときは、自転車《じてんしゃ》をおしてわたろう。

ルール5 暗《くら》くなったらかならずライトをつけよう

まわりがよく見《み》えないし、自動車《じどうしゃ》や歩《ほ》行者《こうしゃ》からも気《き》づかれにくくて危険《きけん》！

ルール6 決《き》められた場所《ばしょ》にとめよう

歩道《ほどう》や点字《てんじ》ブロックの上《うえ》などにはとめず、決《き》められた場所《ばしょ》にとめよう。

※ ただし、13歳未満《さいみまん》の子《こ》ども、70歳以上《さいいじょう》の大人《おとな》、障害者《しょうがいしゃ》などは歩道《ほどう》を自転車《じてんしゃ》で走《はし》ってもよい。また、それ以《い》外《がい》の人《ひと》でも3m以上幅《いじょうはば》がある歩道《ほどう》ならOK《オーケー》とされているよ。

こんな乗《の》り方《かた》も危《き》険《けん》!!

片《かた》手《て》運《うん》転《てん》・手《て》ばなし運《うん》転《てん》

両手《りょうて》でしっかりハンドルをにぎらないと危《あぶ》ないよ！

ふたり乗《の》り

バランスがとりにくくて危険《きけん》なので、禁止《きんし》されているよ。

かさをさして乗《の》る

片手運転《うんてん》にもなるし、まえも見《み》えにくくて危険《きけん》！

並《なら》んで走《はし》る

自動車《じどうしゃ》や歩行者《ほこうしゃ》のじゃまになり、ぶつかってしまうかも！

乗《の》るまえにチェック！

①ヘルメットはかぶったか。
②サドルの高《たか》さはあっているか。
③ベルは鳴《な》るか。
④ブレーキはちゃんときくか。
⑤タイヤに空気《くうき》は入《はい》っているか。
⑥ライトはつくか。

マナーを守《まも》って楽《たの》しくショッピング

マンガ・アニメ祭《まつり》
すごいにぎわいだねーー
ワーワー
おもしろーい!
マンガ
どうしよう
アレも欲《ほ》しい
コレも欲《ほ》しい
ぜーんぶ欲《ほ》しい!
ひょ〜〜〜
ちょっと、花子《はなこ》 商品《しょうひん》をベタベタ さわっちゃ ダメだよ!
マナー違《い》反《はん》よ
わかってますよーーっ マナミンこそそんなに 買《か》えるの?
なに言《い》ってんの? この日《ひ》のために どれだけ節約《せつやく》して きたことか…
グロ、カワイイ
ゴメンゴメン! よし、じゃあ レジ行《い》こう!
それいけハッチン
サインベリ
下《した》じきリベンジ〜
きゃ〜 きゃ〜
ねえ花子《はなこ》
お金《かね》足《た》りるか ちゃんと計算《けいさん》した?

はあ？
ちまたじゃ「どんぶり勘定《かんじょう》の花子《はなこ》」ってよばれてるわたしよ？
なに言《い》ってんの
ダメじゃんそれ！
1250円《えん》です
だー―― 250円《えん》足《た》りないー!!
ほらー――
どうしよう…
買《か》わないものを決《き》めてもどしてらっしゃい!!
くわっ
計算《けいさん》しながら買《か》いものしなきゃね
やっとわかった？
すみません写真《しゃしん》とってもいいですか？
お姉《ねえ》さん、それなんのキャラ？
わたし？
はい
わたし？
わたしは…
マナー星《せい》からきたマナー戦士《せんし》マナミン!!
うおおおおおお!
来《らい》期《き》のアニメだって～？
わかんないけどカワイイ～～
ガシャガシャ
学校《がっこう》では浮《う》いてるけどこういうところではハマるんだー――
うお―― 火《ひ》も吹《ふ》いたぞー
コスプレ状態《じょうたい》か

LESSON《レッスン》

ショッピングのマナー

マナー1 お店《みせ》の商品《しょうひん》はていねいにあつかおう

お店《みせ》の商品《しょうひん》は買《か》うまではお店《みせ》のもの。買《か》うときに汚《きたな》かったら、みんな買《か》いたくなくなるから、むやみにさわらないようにしよう。

マナー2 買《か》うのをやめた商品《しょうひん》は元《もと》の場所《ばしょ》にもどす

お店《みせ》の商品《しょうひん》は、お客《きゃく》さんが見《み》やすく、選《えら》びやすいように並《なら》べられているんだ。その商品《しょうひん》を探《さが》している人《ひと》のためにも、元《もと》の場所《ばしょ》にもどそう！

マナー3 店内《てんない》で遊《あそ》ばない、さわがない

お店《みせ》は遊《あそ》び場《ば》ではないよ。買《か》いものしている人《ひと》に迷惑《めいわく》だし、商品《しょうひん》をこわしてしまったり、けがをしたりするかもしれないから遊《あそ》ばないでね。

マナー4 レジの順番《じゅんばん》を守《まも》る

横入《よこはい》りすると、並《なら》んでいる人《ひと》はどう思《おも》うかな？　列《れつ》の一番後《いちばんうし》ろに並《なら》んで、順番《じゅんばん》を待《ま》とう。一列《いちれつ》に並《なら》ぶのか、レジごとに並《なら》ぶのかもお店《みせ》によってちがうから注意《ちゅうい》。

レストランでのマナー

マナー 1 テーブルに置《お》いてあるモノにいたずらしない

テーブルにある塩《しお》や砂糖《さとう》は、使《つか》うときに使《つか》う分《ぶん》だけとろう。つまようじや紙《かみ》ナプキンもベタベタさわらないこと。

マナー 2 使《つか》った紙《かみ》ナプキンなどは、はしに寄《よ》せる

使用《しよう》したナプキンは、汚《よご》れたほうを内側《うちがわ》にしてテーブルのはしに置《お》いておくと、お店《みせ》の人《ひと》も片《かた》づけやすいね。

マナー 3 食《た》べ放題《ほうだい》などでは、食《た》べられる分《ぶん》だけとる

食《た》べ放題《ほうだい》で食《た》べきれないほどとってくるのはマナー違反《いはん》だよ。おなかと相談《そうだん》してとってこよう！

マナー 4 食《た》べおえたら箸《はし》は箸置《はしお》き、フォークはお皿《さら》の上《うえ》

フォーク＆ナイフをお皿《さら》の上《うえ》にそろえて置《お》くのが、ごちそうさまの合図《あいず》。箸《はし》は箸置《はしお》きに置《お》いて、割《わ》り箸《ばし》の場合《ばあい》は袋《ふくろ》にもどそう。

正《ただし》さん、かっけー！
ぼくも見習《みなら》う !!

マナミンMEMO

お店《みせ》では　るんるん楽《たの》しく
ショッピング
マナーを守《まも》って　バッチグー！

マナーよく芸術鑑賞《げいじゅつかんしょう》♪

映画館《えいがかん》~♪
ゴキゲンだね マナミン
だってー初《はじ》めてだもん 映画館《えいがかん》!!
迫力満点《はくりょくまんてん》の大画面《だいがめん》で観《み》られるなんて~
家《いえ》でお母《かあ》さんと観《み》てたドラマの映画版《えいがばん》でしょー? なんか大号泣《だいごうきゅう》してたし わーわーきゃーきゃー さわいでたけど
だいじょうぶ? 映画館《えいがかん》でやったら完全《かんぜん》アウトだよ
いつもと逆《ぎゃく》だね
だいじょうぶだもん
マナミン ちょっといいモモ?
……
くれぐれも興奮《こうふん》して大声《おおごえ》を出《だ》しちゃダメモモ…あと…火《ひ》も吹《ふ》いちゃダメモモよ~
はい先生《せんせい》
はい…先生《せんせい》…
卒業試験《そつぎょうしけん》…わかってるモモね?
よーし、じゃあマナーを復習《ふくしゅう》しておくモモー!!
おーーー

LESSON《レッスン》

映画館《えいがかん》や美術館《びじゅつかん》のマナーって?

マナー 1 静《しず》かに鑑賞《かんしょう》する

映画館《えいがかん》、劇場《げきじょう》、美術館《びじゅつかん》や博物館《はくぶつかん》では、小《ちい》さな声《こえ》でも気《き》になる人《ひと》がいるから注意《ちゅうい》。映画館《えいがかん》で飲食《いんしょく》するときは、まわりの人《ひと》の迷惑《めいわく》にならないよう静《しず》かに。

マナー 2 展示品《てんじひん》にさわらない

博物館《はくぶつかん》や美術館《びじゅつかん》の展示品《てんじひん》はとても貴重《きちょう》なもの。傷《きず》をつけたら大変《たいへん》だから、絶対《ぜったい》にさわらないこと。

マナー 3 ほかの人《ひと》のじゃまにならないよう注意《ちゅうい》する

映画館《えいがかん》で立《た》ち上《あ》がったり、美術館《びじゅつかん》などで立入禁止《たちいりきんし》のところまで入《はい》ったりすると、ほかの人《ひと》の鑑賞《かんしょう》のじゃまになるよ。

こんなことにも
気《き》を配《くば》りたい！

公共《こうきょう》の場《ば》でのマナー

マナー1 かさはふりまわさない！

この剣《けん》をうけてみよー！
わー
やー
わっ

水滴《すいてき》が飛《と》び散《ち》ったり、かさの先《さき》が人《ひと》にささったりしないように。かさは地面《じめん》に向《む》けて正《ただ》しく持《も》とう。

マナー2 せきやくしゃみは口元《くちもと》を押《お》さえる

はっくしょん
まぁ…
やーん

せきやくしゃみが出《で》そうなときは、まわりに飛《と》び散《ち》らないようハンカチで口元《くちもと》を押《お》さえよう。

マナー3 人《ひと》のことを指差《ゆびさ》さない

えー？
ちょっとムササビー!!
なんでココに～？
マジうける――
ういてんだけどー
げははは
ははは

人《ひと》を指差《ゆびさ》すのはとても失礼《しつれい》なこと。指《ゆび》を差《さ》された相手《あいて》にとってみれば、いい気持《きも》ちはしないよ。

マナー4 ゴミが出《で》たら持《も》ち帰《かえ》る

ゴミ箱《ばこ》ないやー…
ポケットに入《い》れる
ゴミもちかえってる…

ゴミを道《みち》に捨《す》ててはダメだよ。ゴミ箱《ばこ》に捨《す》てるか、ゴミ箱《ばこ》がない場合《ばあい》は、家《いえ》に持《も》って帰《かえ》ろう。

まわりに人《ひと》がいることを忘《わす》れないようにしなくちゃね！

マナミンMEMO

たくさんの
人《ひと》が行《い》き交《か》う場所《ばしょ》だから
まわりへ気配《きくば》り　忘《わす》れずに

第《だい》6章《しょう》

コミュニケーション編《へん》

人《ひと》の話《はなし》をさえぎらない！

はい、残《のこ》すはコミュニケーションのマナーのみです
OK《オーケー》マナミン残《のこ》りわずかな地球《ちきゅう》での時間《じかん》気《き》をぬかずミッションをやりとげるのよ！
了解《りょうかい》です
ではまた！
ブツッ
マナー星《せい》への報告《ほうこく》モモ？
うんあとすこしで帰《かえ》らなくちゃならないし
花子《はなこ》たちにも話《はな》さなきゃな…
おーいマナミン〜〜
先《さき》に帰《かえ》ってたんだねあれ？ うかない顔《かお》してどうしたの？
あ、うん。実《じつ》は…
あ！ そうそうまたさっき正《ただし》くんとバッタリ会《あ》ってさー
もうぜったいうんめいだヨー
え あれ？
…へーっそれで？
でねーでねー
花《はな》ちゃんおかえりって言《い》ってくれてんのよーどぅよーねぇ〜
…。

あ、姉《ねえ》ちゃん ぼくのマンガ 知《し》らない?
なによ、今《いま》 しゃべってる 最中《さいちゅう》なのに!
知《し》らんよー
あ、太郎《たろう》くん!
花子《はなこ》もちょっと 聞《き》いてほしい 話《はなし》があるの…
わたしね、実《じつ》は…
あーホラ やっぱりここに あったじゃーん
え 知《し》らなーーい? マンガが勝《かっ》手《て》に 歩《ある》いてきたんじゃ なーーいて.
ってコラー!!
ゲハハハハ
くわー
ふたりとも 人《ひと》の話《はなし》を さえぎらずに 最後《さいご》まで 聞《き》きなさい!
マナーよー
ちょっと いい?
ガチャ
あ、お母《かあ》さん!
正《ただし》くんが メロン置《お》いて いったわよ
また いただき ものよ♪
ごめん~~ ちょっとまってて マナミン ごめんね マナミ~~
ねえ!! ちょっとォ!
ひどい よ~~
……

Let's《レッツ》シミュレーション！

話《はなし》をさえぎられたら、どう思《おも》う？

話《はなし》を聞《き》いてくれると

話《はなし》を聞《き》いてくれるとうれしいし、
会話《かいわ》も発展《はってん》していくね。

さえぎられると

話《はなし》をさえぎって自分《じぶん》の話《はなし》
ばかりする子《こ》とは、
もう**話《はな》したくなくなる**かも。

楽《たの》しく会話《かいわ》するひけつ

人《ひと》の話《はなし》をさえぎらず、最後《さいご》までじっくり耳《みみ》をかたむける

↓

聞《き》き上手《じょうず》さんを目指《めざ》そう！

レッスン
LESSON

聞《き》き上手《じょうず》さんを目指《めざ》そう!

STEP《ステップ》 1 相手《あいて》の顔《かお》を見《み》ながら話《はなし》を聞《き》こう

OK

NG

そっぽを向《む》いていると、話《はなし》を聞《き》いていないと思《おも》われてしまうよ。目《め》を見《み》るのが恥《は》ずかしければ、おでこのあたりを見《み》よう。

STEP《ステップ》 2 あいづちを打《う》とう

OK

NG

なんの反応《はんのう》もないと、「聞《き》いてない」と思《おも》われてしまうかも。「うんうん」とうなずいたり、「それ、いいね!」などとあいづちを打《う》ったりしよう。

STEP《ステップ》 3 質問《しつもん》をしてみよう

OK

NG

気《き》になったことを質問《しつもん》すると、会話《かいわ》がさらにはずむよ。聞《き》きたいことがわからなければ、「楽《たの》しそうだね」などと共感《きょうかん》の気《き》持《も》ちを伝《つた》えるのもOK《オーケー》!

聞《き》き上手《じょうず》さんってモテるモモ〜

マナミンMEMO

顔《かお》を見《み》て　あいづち打《う》てば　聞《き》き上手《じょうず》
会話《かいわ》はずんで　心《こころ》もはずむ

自分《じぶん》の意見《いけん》をおしつけない

ねー花子《はなこ》ー
こないだ買《か》った
BABYPUNKS《ベイビーパンクス》の
DVD《ディーブイディー》見《み》ない?
えーー
やだよ、
つまんないもん
ていうか、
あのバンドって
パクリじゃん!
マナミンって
全然《ぜんぜん》わかってないね
な
なんでそんなひどい
こと言《い》うのよ!
ギャギャ
グモォォ
しょうがないじゃん
本当《ほんとう》のことだし!
好《す》きなものは
人《ひと》それぞれでしょ!!
すこしは相手《あいて》の気持《きも》ちも
考《かんが》えなさいーー!!
またケンカ
しちゃった…
わたしって全然《ぜんぜん》
ダメだな…
ケンカ…
マナミンはいつのまにか
花子《はなこ》の先生《せんせい》じゃなくて
友《とも》だちになったモモね~
え?
仲良《なかよ》し
そっかー
友《とも》だち…
地球《ちきゅう》から帰《かえ》るまえに
仲直《なかなお》りしなくちゃ…

ひどいこと言《い》っちゃった…
ぜったいわたしが悪《わる》いよな～あやまんなきゃ…
あ
あ
とぼとぼ
マ…
マナミン！さっきはBABYPUNKS《ベイビーパンクス》つまんないとか言《い》ってごめんなさい!! 好《す》きなものは人《ひと》それぞれだよね！
わかってくれればもういいよ
世《よ》の中《なか》にはいろんな人《ひと》がいてそれぞれちがう考《かんが》えを持《も》っているの
だからもう、自分《じぶん》の意見《いけん》ばかりおしつけちゃダメだよ！
うん。わたしも「〝それいけハッチン〟好《す》きな花子《はなこ》って意味《いみ》わかんない」って言《い》われたらショックだし…
あ――あの下《した》じきのキャラ…
ハッチン
…でも、やっぱりあのマナミンのグロかわいいしゅみはわかんないかも
え？そうなの!?

\LESSON《レッスン》/

いろいろな考《かんが》え方《かた》を受《う》け入《い》れよう

しゅみや好《す》きなものは人《ひと》それぞれ

好《す》きなものは人《ひと》それぞれちがうよ。自分《じぶん》が好《す》きじゃなくても、けなしたらダメ！

意見《いけん》が食《く》いちがうこともある

いろんな意見《いけん》があってあたりまえ。自分《じぶん》の意見《いけん》がすべてではないことを理解《りかい》しよう。

相手《あいて》の意見《いけん》も尊重《そんちょう》する

自分《じぶん》の意見《いけん》を一方的《いっぽうてき》に言《い》うだけではダメ。相手《あいて》の意見《いけん》も自分《じぶん》の意見《いけん》も尊重《そんちょう》しながら、解決策《かいけつさく》を見《み》つけよう。

相手《あいて》の気持《きも》ちを想像《そうぞう》してみよう！

友《とも》だちを怒《おこ》らせてしまったら

なぜ相手《あいて》が怒《おこ》ったのか、すこし考《かんが》えてみよう。相手《あいて》とわかりあえるヒントになるよ。

友《とも》だちを傷《きず》つけてしまったら

自分《じぶん》も言《い》われたらイヤなことを言《い》ってしまっていないかな？　言《い》いすぎたら、素直《すなお》に謝《あやま》ろう！

相手《あいて》の気持《きも》ちを想像《そうぞう》するためには、相手《あいて》の立場《たちば》になってみることが大切《たいせつ》モモ〜

モジ子《こ》ちゃん、一番《いちばん》好《す》きな仏像《ぶつぞう》って？

弥勒菩薩半跏思惟像《みろくぼさつはんかしいぞう》ヨ。あの柔和《にゅうわ》な顔《かお》が好《す》きなのデス。

マナミンMEMO

それぞれの
好《この》みや考《かんが》え
尊重《そんちょう》し
みんな友《とも》だち
さらに仲良《なかよ》し

勝《しょう》負《ぶ》は楽《たの》しく、気《き》持《も》ちよく!

やったー あーがり! 太郎《たろう》ってば弱《よわ》すぎっ!
ふはははは
はは
くやしーー
姉《ねえ》ちゃん もう一回《いっかい》!
ゲーム
ちょっと花子《はなこ》 そんな言《い》い方《かた》したら ダメよ
負《ま》けた人《ひと》を けなすのは よくないよ!
そっかーー
…ちょっとマナー 悪《わる》かったかな?
マナミン やろーよゲーム
わたし?
行《い》くよー
よ、よし!
やったー! マナミン~ なんかゴメンね~~
ふはははは
はは
!!
ゲーム
太郎《たろう》くん! もう一回《いっかい》…
ざわ ざわ ざわ ざわ

マナミン弱《よわ》!!
もう一《いっ》回《かい》!
マナミン!本《ほん》当《とう》に弱《よわ》い〜
もう一《いっ》回《かい》!
ぼくの勝《か》ち!
もう一《いっ》回《かい》!
もう一《いっ》回《かい》!
ムキーー
ブビーム
バリバリ
わぁ!
ぽろ
ぽろ。
マナミーン
ちょっといいモモ?
はっ
負《ま》けてもくやしくても
怒《おこ》ったりすねたり
してはいけない
というマナー
あなたが
できないで
どうする!?
すみません…
モモコってさあ…
ホントにペットなの?
ものすげー
あやまってるけど…
うーーん
たしかに
ごめんなさい
ごめんなさい
ごめんなさい

Let's《レッツ》シミュレーション！

こんな子《こ》がいたらどう思《おも》う？

勝負《しょうぶ》に勝《か》ったとき

おたがいがんばったことをたたえあえると、気《き》持《も》ちがいいね。

いばったり、負《ま》けた相《あい》手《て》をばかにしたりするのはよくないよ。

勝負《しょうぶ》に負《ま》けたとき

くやしい気《き》持《も》ちは心《こころ》にとどめて、気《き》持《も》ちよくおわらせよう。

くやしいからと相《あい》手《て》やモノにやつあたりするのはよくないよ。

こういう態度《たいど》を“スポーツマンシップ”って言《い》うのよね～

勝《か》っても負《ま》けても、正《ただし》くんの正々堂々《せいせいどうどう》とした態度《たいど》はマネしたいモモ～

LESSON《レッスン》

くやしい気持《きも》ちを コントロールしてみよう！

でもさ、“負《ま》けてくやしい”気持《きも》ちって悪《わる》いことじゃないよね？

くやしくて、ふてくされるのはダメ。気持《きも》ちをコントロールできるようになろう！

深呼吸《しんこきゅう》してみる

カーッとなったら、深呼吸《しんこきゅう》してみよう。大《おお》きく息《いき》を吸《す》い込《こ》んで吐《は》き出《だ》せば、不思議《ふしぎ》と気持《きも》ちが落《お》ちつくよ。

すぐに勝者《しょうしゃ》をたたえる

くやしい気持《きも》ちはおさえて、まずは勝《か》った人《ひと》に「おめでとう」と言《い》ってみよう。

マナミンMEMO

じまんせず　怒《おこ》らず
わめかず　さわやかに
ゲームを楽《たの》しむ
これぞ勝者《ウィナー》

“負《ま》け”は失敗《しっぱい》ではない

負《ま》けることは失敗《しっぱい》ではないから、勝《か》ち負《ま》けだけにこだわらず、勝負《しょうぶ》を楽《たの》しもう！

正《ただし》くんのスポーツマンシップ、かっこいいなあ！　ぼくもがんばるぞ〜

みんなと仲良《なかよ》くしよう！

えー、それでは来週《らいしゅう》の社会科見学《しゃかいかけんがく》の班分《はんわ》けをしたいと思《おも》います
社会科見学《しゃかいかけんがく》
くじ引《び》きで男女《だんじょ》ふたりずつの班《はん》をつくりましょう
ワー
ワー
わーマナミンいっしょだー♡
よかったー
あーおまえもA班《はん》？
おい、女子《じょし》、あそこ
マナミンいっしょじゃんラッキー♡
ってものぐさでガサツな花子《はなこ》もいっしょかよ
ひどい!!
なんでそんなこと言《い》うの？
オレら引《ひ》きが弱《よわ》かったなーーーっ
ちょっと男子《だんし》！
ドーン
よっ
アウ!!

人《ひと》の悪口《わるぐち》を言《い》うのはやめなさい——っ!!
いたたた
たしかに花子《はなこ》はガサツよ
ぬいだくつはそろえないし
おやっ—
机《つくえ》の中《なか》はぐちゃぐちゃだし
え?
ハサミハサミ…
ない—ない—
朝《あさ》ごはんは食《た》べ散《ち》らかすし
がふっ がふっ
今日《きょう》だってまた宿題《しゅくだい》忘《わす》れて…
Nooo
いやいや、そこまで言《い》ってないし…
冗談《じょうだん》だよ
あれだよ? 花子《はなこ》だっていいところ結構《けっこう》あるんだよ?
いつも全力《ぜんりょく》だし元気《げんき》だし—
花子《はなこ》の悪口《わるぐち》言《い》わないで〜
もうからかうようなこと言《い》わないから…
ホントは仲悪《なかわる》くないし!
ゴメン マナミン
マナミン泣《な》かないで—
とにかく、悪口《わるぐち》なんて言《い》わずその人《ひと》のいいところを見《み》つけてみんなで仲良《なかよ》くしましょ!!
花子《はな》— もうだいじょうぶだよ
まあ、いっか…
なんだろう…このモヤモヤした感覚《かんかく》は…

LESSON《レッスン》

みんなと仲《なか》良《よ》くするには？

ひとりぼっちの子《こ》がいたら声《こえ》をかけてあげる

自分《じぶん》から「友《とも》だちになって」と言《い》えない子《こ》もいる。「いっしょに遊《あそ》ぼう！」と声《こえ》をかけたらきっと喜《よろこ》ぶよ。

悪《わる》口《ぐち》を言《い》わずに、いいところを探《さが》そう

だれにだっていいところはある。いいところを言《い》われれば、イヤな気《き》持《も》ちにはならないよ。

素《す》直《なお》に「ごめんなさい」「ありがとう」を言《い》う

「ごめんなさい」「ありがとう」が素《す》直《なお》に言《い》えると、グンと仲《なか》良《よ》くなれる（22～24ページも読《よ》んでね）。

仲《なか》間《ま》はずれにしない

気《き》があう子《こ》、あわない子《こ》がいるのはあたりまえだけど、仲《なか》間《ま》はずれにするのはいじめだよ。

ちがうクラスの子《こ》とも遊《あそ》ぶ

OK
ねーバレーボールやらない〜？
あたし1組《くみ》だけどいーの？

「ちがうクラスだから遊《あそ》ばない」なんておかしいよね。人《ひと》をグループ分《わ》けせずに、いろんな子《こ》と仲良《なかよ》くしよう。

ケンカしたら「仲直《なかなお》りしたい」サインを送《おく》る

OK
声《こえ》かけてみよう！

友《とも》だちがまだ怒《おこ》っているときは、雑談《ざつだん》で話《はな》しかけるなど、仲直《なかなお》りのサインを送《おく》ってみて。

借《か》りたものはちゃんと返《かえ》す

NG
まだかなー
げっ！
エミから1年《ねん》前《まえ》にかりた本《ほん》

借《か》りたものは忘《わす》れずに返《かえ》そう。相手《あいて》は、「返《かえ》して」って言《い》えずにヤキモキしているかも。

お金《かね》の貸《か》し借《か》りはしない

NG
えーー？
エミ〜
100円《えん》貸《か》して〜

お金《かね》の貸《か》し借《か》りはトラブルのもと！「100円《えん》くらいならいいか」なんて考《かんが》えないで、絶対《ぜったい》にやめようね。

花子《はなこ》はガサツだけど、心《こころ》がやさしいのよね！

ガサツばっかり言《い》うなー！

マナミンMEMO

悪口《わるぐち》を
言《い》わずにいいとこ探《さが》したら
仲良《なかよ》し友《とも》だち　増《ふ》えていく

ていねいな言《こと》葉《ば》づかいをしよう！

サッカーさそってくれてありがとう正《ただし》くん
いっしょに練習《れんしゅう》してうまくなろうぜ!!
キミたち
駅《えき》まではどう行《い》けばいいのかな？
駅《えき》ですね
ご案内《あんない》します
その道《みち》をまっすぐ行《い》くと
フムフム
大通《おおどお》りにぶつかります
そこを右《みぎ》へ曲《ま》がると駅《えき》です
歩《ある》いて5分《ふん》ほどでしょうか
ありがとう助《たす》かったよ！
すばらしいねキミ
スゴイ正《ただし》くん！
初対面《しょたいめん》の人《ひと》にもやさしくていねいだー！
カッケー!!
なぜか道《みち》を聞《き》かれることが多《おお》くてね慣《な》れかな？
ぼくも今度《こんど》話《はな》しかけられたらがんばって答《こた》えてみる！

坊《ぼっ》ちゃんたち
この近《ちか》くに公園《こうえん》があるって聞《き》いたんだけど……？
あ、ぼくたち今《いま》から行《い》きます！ ね？ 正《ただし》くん
わー さっそく
ワンワンワン
えっ
た、太郎《たろう》くん、案内《あんない》よろしく！ ぼくちょっと用事《ようじ》を思《おも》い出《だ》して…ゴメンネ！
ワンワン
ええ!?
ごめんねー太郎くん～
?
見《み》た？
せっかく見学《けんがく》にきたのに…
うん
正《ただし》くんてさー絶対犬《ぜったいいぬ》が苦手《にがて》だよね…
坊《ぼっ》ちゃん、サッカーか？
うん でもいっしょにやるお兄《にい》ちゃんが帰《かえ》っちゃったから…
わたしと、やるかい？
ゴクリ
サイドを一気《いっき》にかけあがれ!!
ハイッ
走《はし》れ!!
ハイッ
ワントラップでそのまま中央《ちゅうおう》へ切《き》りこめー!!
ハイッ
ってあの人《ひと》だれ？ なんかスゲー…
ワン ワン

LESSON《レッスン》

こんなときは ていねいに話《はな》そう

まずは「〜です」「〜ます」を使《つか》った話《はな》し方《かた》を心《こころ》がけるモモ！

初《しょ》対《たい》面《めん》の人《ひと》と話《はな》すとき

OK
ハンカチ
落《お》としましたよ
まあ
ありがとう

NG
おばさんハンカチ
拾《ひろ》ってあげたよ
ありがとう…
（おばさんなんて失礼《しつれい》ね）

目《め》上《うえ》の人《ひと》と話《はな》すとき

OK
来週《らいしゅう》の運動会《うんどうかい》の件《けん》で
ご相談《そうだん》があるのですが…
はいはい
え？

NG
運動会《うんどうかい》のことで
聞《き》きたいんだけど
さ――‼

質《しつ》問《もん》に答《こた》えるとき

OK
正《ただし》くん
何年生《なんねんせい》になったんだっけ？
6年生《ねんせい》です
7月《がつ》で
12歳《さい》に
なりました

NG
太郎《たろう》くん
何年生《なんねんせい》になったんだっけ？
まあ
生意気《なまいき》
3年《ねん》
だけど？
そこんとこ
ヨロシク！

お願《ねが》いしたり、なにかを頼《たの》んだりするとき

OK
かしこまりました
ハンバーガーとポテトのS《エス》をください
好《こう》感《かん》が持《も》てる少《しょう》年《ねん》だわ～

NG
かしこまりました
ハンバーガーとポテト!!
やんちゃだこと…

なにかをたずねるとき

OK
すみません駅《えき》までの道《みち》を教《おし》えていただけますか？
駅《えき》はあの角《かど》を曲《ま》がって
ていねいな話《はな》し方《かた》をする子《こ》ね

NG
ちょっとおばさん！駅《えき》までってどう行《い》けばいいの？
え、駅《えき》は
まあなれなれしい子《こ》ね！

言葉《ことば》の頭《あたま》に「お」や「ご」をつけると、ていねいな印象《いんしょう》に

お食事《しょくじ》

お手紙《てがみ》

ご家族《かぞく》

NG
このおシャツとおハンカチにおアイロンかけといて～
ん？

※ 外来語《がいらいご》など、つけると変《へん》な言葉《ことば》もあるから注意《ちゅうい》！

クイズ

こんなときはなんて言《い》うの？

Q1 デパートで買《か》いもののとちゅう、トイレに行《い》きたくなっちゃった！　なんて言《い》う？

1. 「トイレはどこですか？」
2. 「トイレどこ？」
3. 「もれそう！トイレまで連《つ》れてって！」

正解《せいかい》は 1

「トイレはどこですか？」

急《いそ》いでいるときでも、お店《みせ》の人《ひと》に話《はな》しかけたり、なにかを人《ひと》にたずねたりするときには、ていねいな言葉《ことば》づかいをしよう。

Q2 家《いえ》の電話《でんわ》に出《で》たら、お母《かあ》さんの友《とも》だちからで、お母《かあ》さんあての電話《でんわ》だったよ。なんて言《い》う？

1. 「母《はは》ですね、少々《しょうしょう》お待《ま》ちください」
2. 「あー、おばちゃん！元気《げんき》してる？」
3. 「はいはい、ちょっと待《ま》っててね～」

正解《せいかい》は 1

「母《はは》ですね、少々《しょうしょう》お待《ま》ちください」

目上《めうえ》の人《ひと》だからというだけでなく、顔《かお》が見《み》えない電話《でんわ》では、ふだんよりもていねいな言葉《ことば》づかいをするのが好《この》ましいよ。

ていねいな言葉《ことば》づかいって、聞《き》く
ほうも気持《きも》ちがいいモモね～

Q3 エレベーターで降《お》りる階《かい》に到着《とうちゃく》。でも、まえに人《ひと》がいて降《お》りられない！　こんなとき、なんて言《い》う？

1 「ちょっと、じゃまだってば！」

2 「すみません。通《とお》していただけますか？」

3 仕方《しかた》ないからあきらめる。

正解《せいかい》は 2

「すみません。通《とお》していただけますか？」

なにかをお願《ねが》いするときはていねいな言葉《ことば》づかいで。さらに、この場合《ばあい》は見知《みし》らぬ人《ひと》に対《たい》してのお願《ねが》い。ていねいに伝《つた》えることでトラブルにもなりづらいよ。

Q4 図書館《としょかん》で探《さが》している本《ほん》が見《み》つからないときは？

1 「“マナーと礼儀《れいぎ》”っていう本《ほん》、どこにあるの？」

2 「“マナーと礼儀《れいぎ》”っていう本《ほん》、持《も》ってきてくれる？」

3 「“マナーと礼儀《れいぎ》”という本《ほん》はどこにありますか？」

正解《せいかい》は 3

「“マナーと礼儀《れいぎ》”という本《ほん》はどこにありますか？」

多《おお》くの人《ひと》がいる公共《こうきょう》の場《ば》で質問《しつもん》するときも、ていねいな言葉《ことば》を使《つか》おう。礼儀正《れいぎただ》しくすることで、答《こた》える側《がわ》も気持《きも》ちよく対応《たいおう》してくれるよ。

いろいろな敬《けい》語《ご》

敬語《けいご》は、"相手《あいて》を尊敬《そんけい》する気持《きも》ち"をあらわす言葉《ことば》のこと。同《おな》じ意味《いみ》でも目上《めうえ》の人《ひと》などと話《はな》すときには、友《とも》だちと話《はな》すときの言《い》い方《かた》と変《か》えたほうがいい言葉《ことば》があるのよ。

「食《た》べる」➡めしあがる

めしあがってください

「言《い》う」➡おっしゃる

今朝《けさ》、校長先生《こうちょうせんせい》がおっしゃっていましたが…

「くる」➡いらっしゃる

何時《なんじ》にいらっしゃいますか？

「行《い》く」➡うかがう

4時《じ》にうかがいます
はーい

ほかにも、こんな敬語《けいご》があるよ

- 見《み》る➡**ご覧《らん》になる**
- いる➡**いらっしゃる**
- 知《し》っている➡**ご存《ぞん》知《じ》である**
- 着《き》る➡**おめしになる**
- 聞《き》く➡**お聞《き》きになる**
- する➡**なさる**
- くれる➡**くださる**
- 読《よ》む➡**お読《よ》みになる**
- 会《あ》う➡**お会《あ》いになる**

花子《はなこ》ー おとなりさんに手土産《てみやげ》持《も》って行《い》って〜
このあいだのお礼《れい》よ
え？ 正《ただし》くんの家《いえ》
ドキドキするけど ていねいな言葉《ことば》づかいも学《まな》んだし 嫁入《よめい》り修行《しゅぎょう》と思《おも》ってがんばってくるね！
だいじょうぶかな…
うむっ
着《き》がえたし
ピンポーン
はーい
やっぱキンチョーする！
ガチャ
こここここんにちは！ となりの物草《ものぐさ》です
あらーーー 花子《はなこ》ちゃんこんにちは！
先日《せんじつ》はありがとうございました！ よろしければめしあがってください
サッ
あら まあ
ごていねいにありがとう！
お母《かあ》さまにもよろしくね
はい！
よっしゃーー！
ちゃんとていねいな言葉《ことば》づかいでごあいさつできたモモね
ひと安心《あんしん》ね
あ、花子《はなこ》ちゃん くつはいてないモモ…
はだし…

家族《かぞく》に伝《つた》えるって大事《だいじ》だね！

お母《かあ》さん ちょっとお話《はなし》 いいですか？
なあに？ マナミン
……そう…… お星《ほし》さまに 帰《かえ》っちゃうのね…
マナー星《せい》です
いろいろ お世話《せわ》に なりました
マナミンと モモちゃんが いなくなるなんて
さみしいわ——
だー
でも、いつでも もどってきてね！
お母《かあ》さん
花子《はなこ》には 話《はな》したの？
どぼどぼどぼ
それが、なかなか 話《はな》せなくて…
ただいまー
うわさをすれば 帰《かえ》ってきたわね
ただいま～ お母《かあ》さん、これ 学校《がっこう》のお知《し》らせ～
あら ありがとう！
花子《はなこ》、えらいわ!! 忘《わす》れずにお知《し》らせ わたすなんて！

なに？ え？ 保護者会《ほごしゃかい》のお知《し》らせ…
…って、これ 昨日《きのう》じゃない！
ちょっと 花子《はなこ》 どういう こと？
あれぇ？ 先週《せんしゅう》もらった お知《し》らせだった のかなー…
あは あは
花《はな》子《こ》ォオオオオオオオオオオオ
いい加減《かげん》に しっかり しなさーーーい!!!
ガラガラ
グア
ガッシャーン
花子《はなこ》、これからは マナミンには 頼《たよ》れないのよ！
ゴゴゴ
ヒーヒーヒー
マナミンは もうすぐ お空《そら》に飛《と》んで いって星《ほし》に なっちゃうのよ!!!
えぇぇぇぇ
だー
わーヒー
マナミン〜
え？
わたし死《し》ん じゃうの…？

Let's《レッツ》シミュレーション！

伝《つた》えないとどうなる？

こまったこと

ちんぷんかんぷん
割《わ》り算《ざん》
花子《はなこ》、どうしたの？元気《げんき》ないわね
明日《あした》テストなのにどうしよう…
は—
わからないときは先生《せんせい》に相談《そうだん》してね
・・・・

こまったことを自分《じぶん》だけで抱《かか》えていると、**もっとこまってしまう**かもしれない。

学校《がっこう》からのお知《し》らせ

やばっ！
忘《わす》れてた
図工のお知らせ
今日《きょう》、図工《ずこう》で牛乳《ぎゅうにゅう》パックふたつ必要《ひつよう》なんだけどある？
昨日《きのう》、捨《す》てました
げふー
飲《の》んだ…

お知《し》らせを伝《つた》えないと、**家《いえ》の人《ひと》だけじゃなく、自分《じぶん》もこまる**ことがあるよ。

LESSON《レッスン》

「報《ほう》・連《れん》・相《そう》」を大切《たいせつ》に！

報《ほう》 告《こく》

その日《ひ》あった出来《でき》事《ごと》を伝《つた》えよう

今日《きょう》はどんなことがあったか、家《いえ》の人《ひと》に伝《つた》えよう。うれしいこと、大変《たいへん》だったことなども伝《つた》えると、家《いえ》の人《ひと》は安心《あんしん》するよ。

今日《きょう》エミのお母《かあ》さんから、お菓子《かし》いただいたよー
あとでお礼《れい》の電話《でんわ》しておくわね〜

連《れん》 絡《らく》

お知《し》らせや、予定《よてい》の変更《へんこう》などを伝《つた》えよう

学校《がっこう》からのお知《し》らせをわたし、きちんと予定《よてい》を伝《つた》えると、家《いえ》の人《ひと》も準備《じゅんび》ができるね。予定《よてい》が変《か》わったときもかならず伝《つた》えよう。

来週月曜日《らいしゅうげつようび》は遠足《えんそく》だから、お弁当《べんとう》よろしくね――♡
OK《オーケー》！おかずはなにがいい？
遠足のお知らせ
5-2

相《そう》 談《だん》

こまったことや判《はん》断《だん》できないことを話《はな》してみよう

こまったり、自分《じぶん》ではどうしたらいいかわからないことがあったりしたら、思《おも》い切《き》って家《いえ》の人《ひと》に打《う》ち明《あ》けてみると、解決策《かいけつさく》がわかるかも！

正《ただし》くんに借《か》りたゲーム、ジュースこぼしてこわしちゃった…
新《あたら》しいの買《か》って、今度《こんど》謝《あやま》りに行《い》こう
ゲーム

報《ほう》・連《れん》・相《そう》は、大人《おとな》になってからも大切《たいせつ》モモ！

マナミンMEMO

日《ひ》ごろから　なにかあったら
報《ほう》・連《れん》・相《そう》　家族《かぞく》は安心《あんしん》　キミ楽《らく》チン

信《しん》頼《らい》されるってどういうこと？

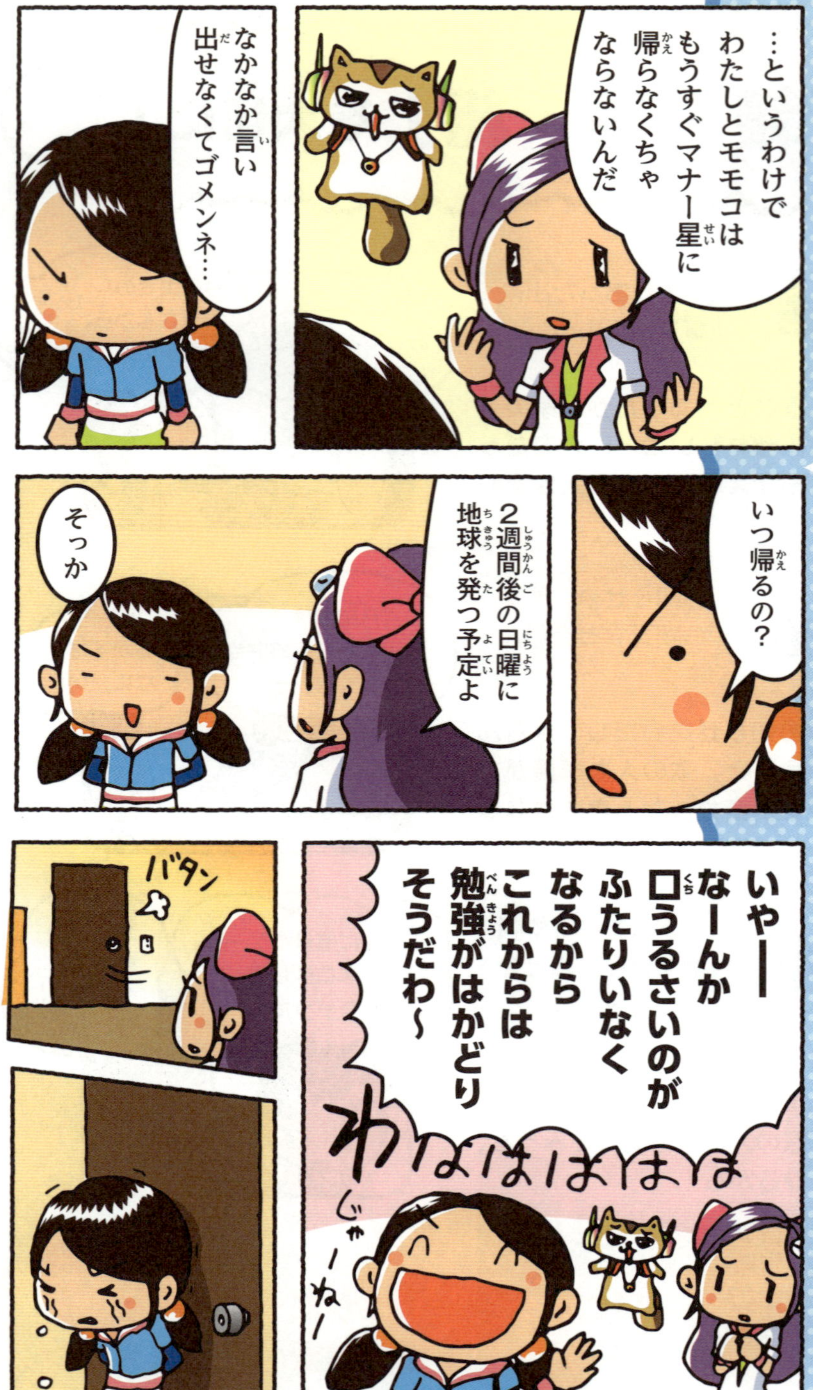
…というわけで わたしとモモコは もうすぐマナー星《せい》に 帰《かえ》らなくちゃ ならないんだ
なかなか言《い》い 出《だ》せなくてゴメンネ…
いつ帰《かえ》るの？
2週間後《しゅうかんご》の日曜《にちよう》に 地球《ちきゅう》を発《た》つ予定《よてい》よ
そっか
いやー なーんか 口《くち》うるさいのが ふたりいなく なるから これからは 勉強《べんきょう》がはかどり そうだわ～
わなははははは
じゃーねー
バタン

次《つぎ》の日《ひ》
そっか、さみしくなるね…
わたし、頼《たよ》りっぱなしだったからマナミンが安心《あんしん》して帰《かえ》れるようにしっかりしたいんだけどどうしたらいいかなあ?
なにか、約束《やくそく》してることとかはない?
あ 昨日《きのう》返《かえ》すって約束《やくそく》してたDVD《ディーブイディー》返《かえ》してなかった…
すぐ返《かえ》そう! 約束《やくそく》を守《まも》らないと信頼《しんらい》されなくなっちゃうから
やっぱりわたしなんて…ズボラだしガサツだし…
でもね、花《はな》ちゃんはいつも正直《しょうじき》でうそはつかないでしょ?
だから
わたしは花《はな》ちゃんをずーっと信頼《しんらい》してるんだよ!
エ…エミ～…
さーて片《かた》づけの続《つづ》きだー
ん?
DVD
返すのおそくなって
ゴメンネ!!
花より
フフッ

Let's《レッツ》シミュレーション！

うそつきくんと約束《やくそく》やぶりさん

うそつきくん

今話題《いまわだい》のアニメ「MENMA」って見《み》た？
も、もちろん！あのスリル、たまらないよな～
え？　スリル？ほのぼのホームドラマだけど…
あれ？
え？
・・・
太郎《たろう》、絶対《ぜったい》見《み》てないよな…
あ～あれとかんちがいしてた…かも～あれと‥

うそをつくと、

信頼《しんらい》されなくなる

約束《やくそく》やぶりさん

ねー、この本《ほん》今日《きょう》借《か》りてもいい？明日返《あしたかえ》すから
ゼッタイ持《も》ってきてねー
明日《あした》ならいいよ～
ゴメ～～ン本持《ほんも》ってくるの忘《わす》れちゃって～
ひどいなー
え――!?
月曜日《げつようび》、かならず持《も》ってきてね！
もう花子《はなこ》に貸《か》すのやめよう

約束《やくそく》をやぶると、

信頼《しんらい》されなくなる

LESSON《レッスン》

信《しん》頼《らい》されるってなんで大《だい》事《じ》?

うそつきや約束《やくそく》をやぶる人《ひと》とは、あまりかかわりたくないよね

それってつまり、信頼《しんらい》できるかできないか、よね

信頼《しんらい》って人間関係《にんげんかんけい》を築《きず》くのに大切《たいせつ》なんだモモ!

信《しん》頼《らい》されると…

まわりの人《ひと》から期《き》待《たい》が集《あつ》まる

リーダーに抜《ばっ》てきされたり、友《とも》だちから相談《そうだん》されたりするなど、まわりから期《き》待《たい》が寄《よ》せられるよ。

よいチームワークが生《う》まれる

信頼関係《しんらいかんけい》ができると、みんなでなにかにとりくむときにも、団結力《だんけつりょく》が生《う》まれるよ。

正《ただし》くんのような人《ひと》を"人望《じんぼう》が厚《あつ》い"って言《い》うんだよな〜

マナミンMEMO

友《とも》だちと　信《しん》頼《らい》関《かん》係《けい》　築《きず》ければ
パワーもりもり　楽《たの》しさ 100倍《ばい》

スマホ・パソコンはどう使《つか》えばいい？

さようなら マナミン モモコ
いつでもいらっしゃいよー。
はい!!
モモ〜
正《ただし》くん…♡
マナミーーン
マナー星《せい》に
つれてってー
で、花子《はなこ》はマナー美人《びじん》になったの？
一応《いちおう》、合格《ごうかく》だって
えへへ
それに、うちのクラスも全員合格《ぜんいんごうかく》だって
これでマナー講習《こうしゅう》終《お》わります！
ガーー！
ハイ！ありがとうございましたー！
マナミン、本当《ほんとう》に行《い》っちゃうの？
太郎《たろう》くんもありがとね！
うー
手紙《てがみ》とか出《だ》せないじゃん
宇宙《うちゅう》だし…
メールしてよ！
えっ？
マナー星《せい》でもインターネットにつながるようになったんだよ 秘密《ひみつ》だけど
てへっ

そっかー
わたしも中学生《ちゅうがくせい》になったらスマホ買《か》ってもらう予定《よてい》だし!
いろいろ勉強《べんきょう》しておかないとね~
つぎのページからスマホやパソコンの注意《ちゅうい》をまとめておくから
しっかり読《よ》んでネ
インタ~ネット
便利《べんり》だけど、こわいこともあるから注意《ちゅうい》して使《つか》うモモ!
うん! まかせて!! でも、モモコ… もうかわいいまねしなくていいよ
わははははは
え? バレてたモモ?
はずかし~
それからマナミン
なあに?
今《いま》まで知《し》らなかったマナーのこと教《おし》えてくれて本当《ほんとう》にありがとうございました!
そして、いっぱいケンカしちゃったけど…
マナミンなんかず――っと大好《だいす》きだからね!
…わたしもだよ
花子《はなこ》
「ちゃんとお礼《れい》を言《い》う」というマナー…
よくできました!
わーん わーん
よしよし

LESSON《レッスン》

スマホやパソコンを使《つか》うときの注意《ちゅうい》

個人《こじん》が特定《とくてい》できる画像《がぞう》をのせない

画像《がぞう》から、個人《こじん》が特定《とくてい》できたり位置《いち》情報《じょうほう》がわかったりする場合《ばあい》もあるよ。

お金《かね》がかかっていないか確認《かくにん》

無料《むりょう》ゲームでも、とちゅうから料金《りょうきん》がかかる場合《ばあい》もあるから気《き》をつけよう。

添付《てんぷ》ファイルはいきなり開《ひら》かない

個人情報《こじんじょうほう》がもれたり、パソコンが動《うご》かなくなったりすることもあるよ。

利用時間《りようじかん》を守《まも》る

使《つか》いすぎると、スマホやパソコンを手放《てばな》せない「依存症《いぞんしょう》」になるかも。

公共《こうきょう》の場《ば》ではマナーモードに

電車内《でんしゃない》など公共《こうきょう》の場《ば》では、“マナーモード”に。電車内《でんしゃない》では通話《つうわ》もNG《エヌジー》。

個人情報《こじんじょうほう》を書《か》き込《こ》まない

名前《なまえ》や住所《じゅうしょ》など個人情報《こじんじょうほう》を悪用《あくよう》する人《ひと》たちがいるよ。

人《ひと》の悪口《わるぐち》を書《か》き込《こ》まない

顔《かお》が見《み》えないからといって他人《たにん》をキツイ言葉《ことば》で批判《ひはん》するのはやめよう。

信《しん》じられる情報《じょうほう》なのか考《かんが》える

うその情報《じょうほう》も多《おお》いから、正《ただ》しいかどうかを考《かんが》える習慣《しゅうかん》をつけよう。

LINE《ライン》やSNS《エスエヌエス》とのつきあい方《かた》

大切《たいせつ》なことは言葉《ことば》で直接伝《ちょくせつつた》えるようにする

文字《もじ》だけでは誤解《ごかい》が生《う》まれることも。大切《たいせつ》なことは直接話《ちょくせつはな》すようにしよう。

知《し》らない相手《あいて》からの友《とも》だち申請《しんせい》やメールは無視《むし》する

情報《じょうほう》が悪用《あくよう》されたり、犯罪《はんざい》に巻《ま》き込《こ》まれたりしてしまうこともあるよ。

グループチャットは発言《はつげん》が過激《かげき》になりやすいから注意《ちゅうい》

「いじめ」のような状態《じょうたい》になってしまうことも。

インターネットには危険《きけん》もあることを理解《りかい》して、節度《せつど》をもって楽《たの》しもうね!

エピローグ

マナーを身《み》につけて恋《こい》も一歩前進《いっぽぜんしん》!?

かみの毛《け》よし！
はねてない！
くつよし！
シャツ出《で》てない！ よし！
いってきます！
気《き》合《あ》い!!
って正《ただし》くん！
あ
花《はな》子《こ》ちゃん おはようー
ああ… いつもながらの この展開《てんかい》… 正《ただし》くんの 「おはよう」で ごはん三杯《さんばい》はいけるわ…
ドキ
ドキ
どう？ 中学《ちゅうがく》は？
うーん、まだ 慣《な》れないかなぁ 制服《せいふく》もブカブカで はずかしいよ
ホラー
みんなもきっと 同《おな》じだよ！ でも最近《さいきん》は まえみたいに バタバタしてないし ずいぶんしっかり したんじゃない？
えっ？

これってもしかして…
ほめられてるんじゃないのでしょーかー!?
やったぞーー
は、花《はな》子《こ》ちゃん?
はっ
わたしはまだまだズボラでガサツだよ…
でも
もしそういうふうに見《み》えるって思《おも》ってくれるなら、それは…
それは?
マナミンのおかげだよ!
ちょっとの間《あいだ》だったけどいろんなことを教《おし》えてくれたもん激《はげ》しかったけど…
不《ふ》思《し》議《ぎ》な子《こ》だったね火《ひ》とか吹《ふ》いてたし…

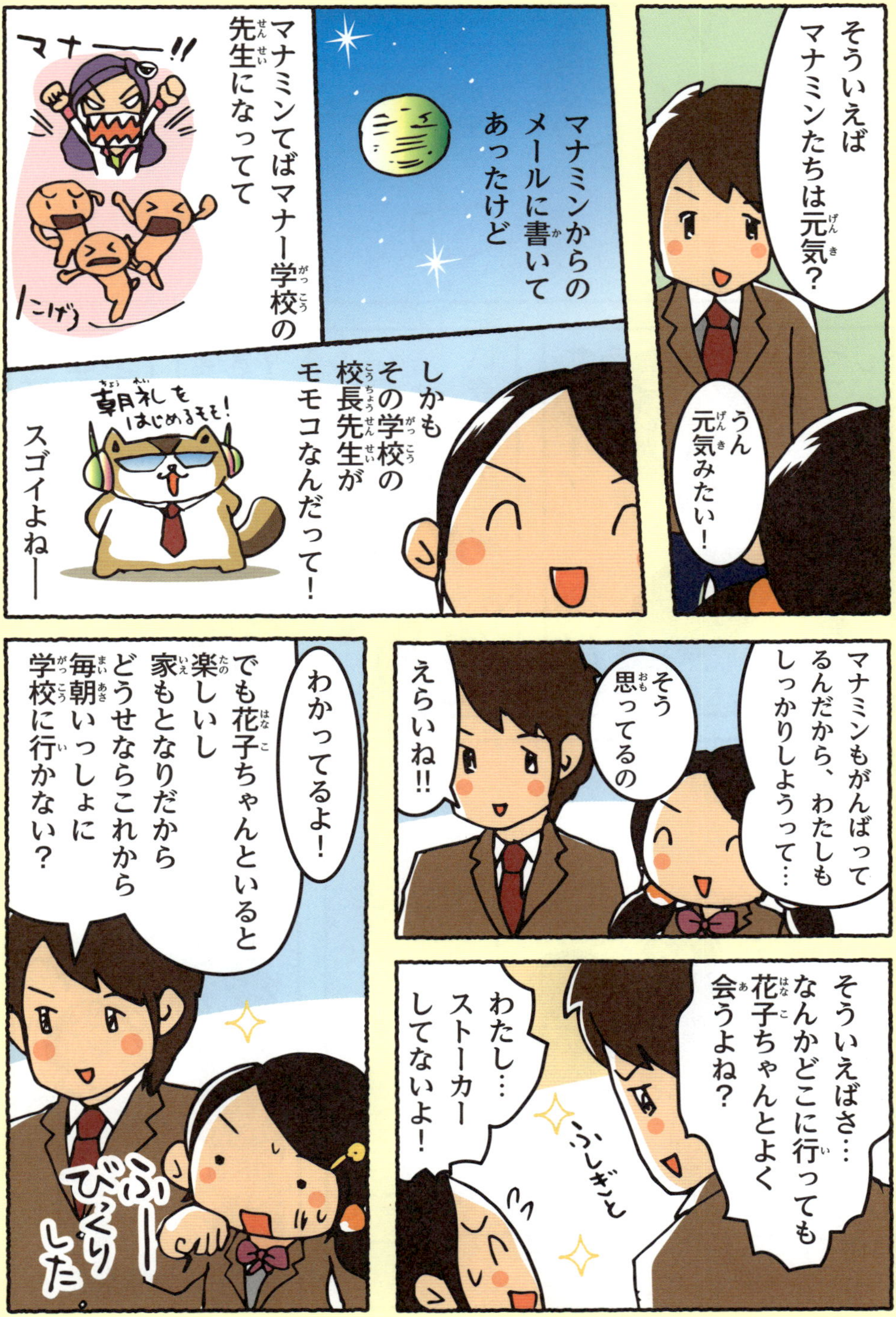

そういえばマナミンたちは元気《げんき》?
うん元気《げんき》みたい!
マナミンからのメールに書《か》いてあったけど
マナミンてばマナー学校《がっこう》の先生《せんせい》になってて
マナーー!!
にげろ
しかもその学校《がっこう》の校長先生《こうちょうせんせい》がモモコなんだって!
朝礼《ちょうれい》をはじめるぞぞ!
スゴイよねーー
マナミンもがんばってるんだから、わたしもしっかりしようって…
そう思《おも》ってるの
えらいね!!
わかってるよ!
でも花子《はなこ》ちゃんといると楽《たの》しいし家《いえ》もとなりだからどうせならこれから毎朝《まいあさ》いっしょに学校《がっこう》に行《い》かない?
ふーびっくりした。
そういえばさ…なんかどこに行《い》っても花子《はなこ》ちゃんとよく会《あ》うよね?
ふしぎと
わたし…ストーカーしてないよ!

え?
なにが起《お》こった今《いま》!?
あ、ムリにとは言《い》わないよ!
いやいやいやいやいやいやいやいや
ぶん
ぶん
花子《はなこ》ー!
お礼《れい》のマナーー! しっかり!
はっ
さそってくれてありがとう! こちらこそよろしくお願《ねが》いします!
いやいやそんな…
昨日《きのう》ねー マナミンにメールしたんだーー
そう! また地球《ちきゅう》にくるといいねー

おわりに

社会《しゃかい》にはたくさんのマナーや礼儀《れいぎ》があります。
それぞれの場面《ばめん》でいろいろなマナーや礼儀《れいぎ》があって、
「こんなに覚《おぼ》えられないよ！」と思《おも》った人《ひと》もいるかもしれませんね。
とは言《い》え、マナーや礼儀《れいぎ》の基本《きほん》は
「まわりの人《ひと》がイヤな気持《きも》ちにならないかな？」と思《おも》いやる気持《きも》ちです。
完《かん》ぺきにできなくても、思《おも》いやりを持《も》った行動《こうどう》なら、きっとまわりに伝《つた》わります。
そして、上手《じょうず》にマナーを守《まも》ったり、礼儀正《れいぎただ》しくしたりできれば、
まわりの人《ひと》とうまくやっていけるようになります。

「でも、どうしてまわりとうまくやらないといけないの？」
それは、人《ひと》がひとりでは生《い》きていけないからです。考《かんが》えてみてください。
家《いえ》の中《なか》には自分以外《じぶんいがい》の家族《かぞく》がいて、学校《がっこう》に行《い》けば友《とも》だちや先生《せんせい》がいて、
電車《でんしゃ》に乗《の》れば、大勢《おおぜい》の知《し》らない人《ひと》が乗《の》っていますよね。
そのなかで、みんなが自分勝手《じぶんかって》にさわいだり、あばれたりしていてはこまります。
自分《じぶん》ひとりで生《い》きていこうと思《おも》っても、できるものではないのです。

みんなで生《い》きていくための、ちょっとした思《おも》いやりが、
この本《ほん》で紹介《しょうかい》しているマナーだったり礼儀《れいぎ》だったりします。
日々《ひび》、ひとりひとりがそのマナーを守《まも》り、礼儀正《れいぎただ》しくすることで
だれもが気持《きも》ちよく過《す》ごせる世《よ》の中《なか》にしていけたらいいですね。

監修《かんしゅう》　辰巳《たつみ》　渚《なぎさ》

監修　辰巳 渚（たつみ なぎさ）

生活哲学家。文筆業のほかに、一般社団法人生活哲学学会代表、株式会社家事塾代表として、生活に関する講座の運営や企業の商品開発協力などを行っている。130万部のベストセラーとなった『「捨てる！」技術』（宝島社）や、『おてつだいの絵本』（金の星社）、『子どもを伸ばす毎日のルール』（岩崎書店）など著書多数。

イラストレーター　池田 圭吾（いけだ けいご）

愛知県出身。多摩美術大学グラフィックデザイン専攻卒業。キャラクターイラストやマンガなどを中心に活動する。著書に『全力ウサギ「キャラクターブック全６巻／アニメ DVD 全７巻」』（KADOKAWA／メディアファクトリー）などがある。

編集・執筆　引田 光江（スタジオダンク）、大勝 きみこ
デザイン　佐藤 明日香（スタジオダンク）
校正　岡野 修也

大人になってこまらない マンガで身につく
マナーと礼儀

初版発行　2016年９月
第５刷発行　2017年12月

監修　辰巳 渚
マンガ・イラスト　池田 圭吾
発行所　株式会社 金の星社
〒111-0056 東京都台東区小島 1-4-3
電話03-3861-1861（代表）
FAX03-3861-1507
振替00100-0-64678
http://www.kinnohoshi.co.jp

印刷・製本　図書印刷 株式会社

144P　21.0cm　NDC379　ISBN978-4-323-05322-6